発音できれば聞き取れる！

リスニング×スピーキングのトレーニング 基礎編

Spiral Training in Listening and Speaking

高山芳樹 監修
問題執筆・英文校閲 Adam Ezard

はじめに

『発音できれば聞き取れる！リスニング×スピーキングのトレーニング』にようこそ！ このシリーズでは，みなさんの英語の発音を「通じる英語」に改良することで，リスニング力の向上と，相手に負担感なく理解してもらえるスピーキング力の獲得を目指します。

みなさんは英語のリスニング力を鍛えるためにどのような学習をされてきましたか。「大学入試や民間の資格・検定試験のリスニング問題集を解きまくる！」とか「英語をひたすら聞く！」という学習をされてきた方が少なくないと思います。私の身の回りでも，受験予定の大学のリスニングの過去問や資格・検定試験のリスニングの予想問題集の音声をひたすら聞いて勉強している人が少なくありません。また，現在ではオンラインで，いわゆる「生の英語」を常時聞くことができますから，そういった英語のシャワーを浴びることでリスニング力を鍛えているという人もいるかと思います。確かにリスニング力をつけるには大量の英語音声インプットに触れることが不可欠です。しかしながら，音声をただやみくもにひたすら浴びるだけでは，リスニング力を効果的に伸ばすことはできないのです。

英語が聞き取れるようになるためには，リスニングの入り口の段階で，英語の音を正確に，かつ，すばやくキャッチできないといけません。しかし，体の中に英語の正しい音声データベースが構築されていないと，その音が英語の音声だと認識できず，キャッチし損ねるのです。そして，英語の音声データのスムーズな蓄積の障害となっているもの，それは実は私たちの母語である日本語です。自分の体に染み込んでいる日本語の影響を受けた音声の処理の仕方によって，私たちは日本語の特徴をそのまま持ち込んだゆがんだ英語発音をしてしまい，また，英語音声をそのままスムーズに体に取り込むことが難しくなってしまうのです。

本書は，日本人にありがちなゆがんだ英語発音の原因と特徴を理解したうえで，そのゆがみを矯正するためのさまざまなトレーニングに取り組むことで，英語を正しく聞き取れる耳と，相手にとって通じやすい英語を話す口の獲得を目指します。日本語の影響を受けた発音のゆがみをなくし，リスニング力を飛躍的に向上させ，取り込んだ大量のインプットをベースに，スピーキング力の向上につなげていきましょう。道のりは長いですが，本書で紹介するリスニングとスピーキングのトレーニングをひとつひとつ丁寧にこなしていけば，飛躍的な伸びを体感できるはずです。

本書の作成にあたってはＺ会編集部の浅野藍さん，向後祥子さん，小林ゆみ子さんに大変お世話になりました。この場を借りて御礼申し上げます。

本書を手に取ってくださる方すべてに，本書が役に立つことを願っています。

2020 年 1 月　高山　芳樹

CONTENTS

■ 本書の構成と利用法

問題

❶ Goal!
目標を確認しましょう。

❸ Sound Focus*
音声ポイントを確認しましょう。
2次元コードから発音トレーニング映像を見ることができます。

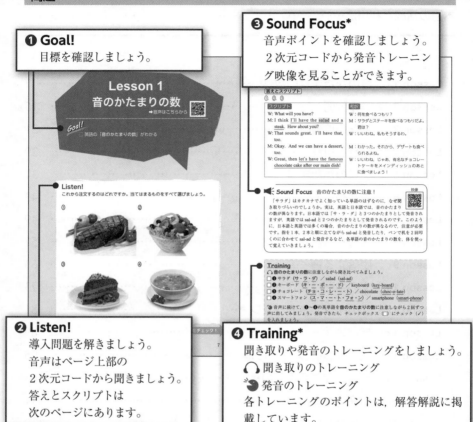

❷ Listen!
導入問題を解きましょう。
音声はページ上部の
2次元コードから聞きましょう。
答えとスクリプトは
次のページにあります。

❹ Training*
聞き取りや発音のトレーニングをしましょう。
🎧 聞き取りのトレーニング
👅 発音のトレーニング
各トレーニングのポイントは，解答解説に掲載しています。

❺ 練習問題*／❻ 実戦問題：
各レッスンの音声ポイントを扱うリスニング問題です。練習問題は基本的な形式の問題，実戦問題は大学入学共通テストや民間の英語資格・検定試験で出題される形式の問題を出題しています。音声は右ページ右上部にある2次元コードから聞くことができます。

❼ Let's Speak!：
各レッスンの音声ポイントを扱うリスニング・スピーキング問題です。民間の英語資格・検定試験のスピーキング問題で出題されやすいテーマを扱っています。音声を聞きながら，声に出して取り組みましょう。

※ *のついた項目は，まとめのレッスン（**Lesson 6, 12, 18**）には登場しません。

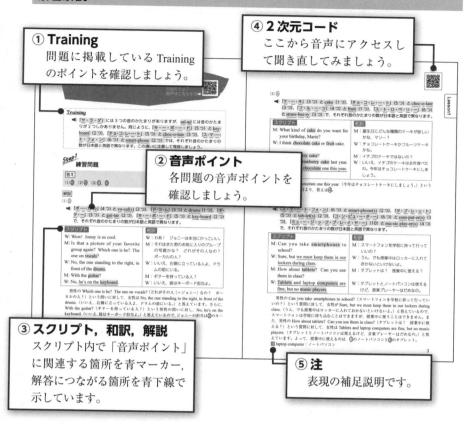

① Training
問題に掲載している Training のポイントを確認しましょう。

④ 2次元コード
ここから音声にアクセスして聞き直してみましょう。

② 音声ポイント
各問題の音声ポイントを確認しましょう。

③ スクリプト，和訳，解説
スクリプト内で「音声ポイント」に関連する箇所を青マーカー，解答につながる箇所を青下線で示しています。

⑤ 注
表現の補足説明です。

■解説映像と音声について

本書には，各音声ポイントを実演解説する発音トレーニング映像と，問題演習およびトレーニング用の音声が付属しています。映像および音声は，それぞれ専用 web ページよりご利用ください。

映像：右記の2次元コード，または下記 URL よりご利用ください。

https://www.zkai.co.jp/books/lstraining_v/

音声：左記の2次元コード，または下記 URL よりご利用ください。

https://service.zkai.co.jp/books/zbooks_data/dlstream?c=2667

Lesson 1
音のかたまりの数

➡音声はこちらから

Goal!
☐ 英語の「音のかたまりの数」がわかる

Listen!

これから注文するのはどれですか。当てはまるものをすべて選びましょう。

①

②

③

④

次のページで解答と音声ポイントをチェック！

7

①, ②, ③

スクリプト	和訳
W: What will you have?	W：何を食べるつもり？
M: I think I'll have the salad and a steak. How about you?	M：サラダとステーキを食べるつもりだよ。君は？
W: That sounds great. I'll have that, too.	W：いいわね。私もそうするわ。
M: Okay. And we can have a dessert, too.	M：わかった。それから，デザートも食べられるよね。
W: Great, then let's have the famous chocolate cake after our main dish!	W：いいわね，じゃあ，有名なチョコレートケーキをメインディッシュのあとに食べましょう！

🔊 Sound Focus 音のかたまりの数に注意！

映像

「サラダ」はカタカナでよく知っている単語のはずなのに，なぜ聞き取りづらいのでしょうか。実は，英語と日本語では，音のかたまりの数が異なります。日本語では「サ・ラ・ダ」と3つのかたまりとして発音されますが，英語では sal-ad と2つのかたまりとして発音されるのです。このように，日本語と英語では多くの場合，音のかたまりの数が異なるので，注意が必要です。指を1本，2本と順に立てながら sal-ad と発音したり，ペンで机を2回叩くのに合わせて sal-ad と発音するなど，各単語の音のかたまりの数を，体を使って覚えていきましょう。

Training

🎧 音のかたまりの数に注意しながら聞き比べてみましょう。

- □ ❶ サラダ（サ・ラ・ダ）／ salad（sal-ad）
- □ ❷ キーボード（キ・ー・ボ・ー・ド）／ keyboard（key-board）
- □ ❸ チョコレート（チョ・コ・レ・ー・ト）／ chocolate（choc-o-late）
- □ ❹ スマートフォン（ス・マ・ー・ト・フォ・ン）／ smartphone（smart-phone）

🗣 音声に続けて，❶～❹の英単語を音のかたまりの数に注意しながら2回ずつ声に出してみましょう。発音できたら，チェックボックス（□）にチェック（✓）を入れましょう。

Step1
練習問題

対話を聞き，質問の答えとして適切なものを選びましょう。

(1) ジョニーの担当はどれですか。

①

②

③

④

(2) 今年のケーキはどれを使ったものですか。

①

②

③

④

(3) 授業中に使えるものはどれですか。当てはまるものをすべて選びましょう。

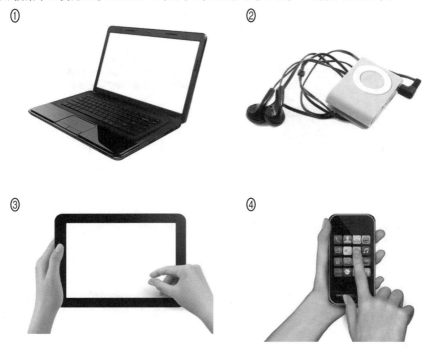

① ② ③ ④

ここまでで答え合わせ！ :解答冊子 p.2

Training

🎧 音声を聞き，空所に入る語を書きましょう。

- ☐ (1) He's on the _____ .
- ☐ (2) Let's have a _____ one this year.
- ☐ (3) Tablets and laptop _____ are fine.

🗣 書き取った箇所の**音のかたまりの数**に注意しながら，音声に続けて，上の(1)～(3)の文を2回ずつ声に出してみましょう。発音できたら，チェックボックス（☐）にチェック（✓）を入れましょう。

Step2 実戦問題

1 聞こえてくる英文の内容に最も近いものを1つ選びましょう。

(1)

① The speaker needs to change the password.

② The speaker wants to know the password.

③ Mike is using the Internet.

④ Mike has finished using the Internet.

(2)

① The speaker has lost his pencil case.

② The speaker is looking for a book.

③ The speaker needs to find the science classroom.

④ The speaker wants his school bag.

(3)

① The speaker forgot the guidebook.

② The speaker is looking for the train.

③ The train left the station five minutes ago.

④ The train has just arrived in Paris.

2 対話と質問を聞き,その答えとして最も適切なものを1つ選びましょう。

(1)家の前で植物の置き場所について話をしています。

(2) 交通手段について話をしています。

①

(3) 試合の日程について話をしています。

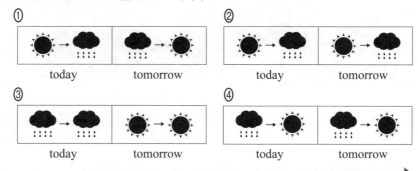

Training

🔊 下線部の**音のかたまりの数**に注意しながら，音声に続けて，以下の文を2回ずつ声に出してみましょう。発音できたら，チェックボックス（□）にチェック（✓）を入れましょう。

- □ ❶ Did you change the <u>pass-word</u>? (×パ・ス・ワ・ー・ド)
- □ ❷ Have you seen my <u>sci-ence book</u>? (×サ・イ・エ・ン・ス，ブ・ッ・ク)
- □ ❸ Where can I find the <u>train</u> for Paris? (×ト・レ・イ・ン)
- □ ❹ Let's put it near the <u>door</u>. (×ド・ア)
- □ ❺ I got a <u>tax-i</u> to the station. (×タ・ク・シ・ー)
- □ ❻ It's going to <u>rain</u> later today. (×レ・イ・ン)

Step3
Let's Speak!

これから質問を聞きます。各質問のあとにポーズがあります。ポーズのあいだに，質問に対する応答として最も適切なものを1つ選んで読み上げましょう。ポーズのあとに解答が流れるので，続けて発音しましょう。

□ (1)

① I don't like math.　　　② It's science.
③ It starts at 8:30.　　　④ We have six subjects every day.

□ (2)

① From Monday to Friday.　　② Only when it's raining.
③ Usually by bus.　　　　　④ We don't go to school on Sundays.

□ (3)

① I leave for school around 7 am.
② I practice basketball with my friends.
③ My brother goes to bed around eleven.
④ My mother usually makes dinner.

ここまでで答え合わせ！　：解答冊子 p.7 →

Training

🔊 Let's Speak! の解答を，音声に続けて2回ずつ声に出してみましょう。発音できたら，チェックボックス（□）にチェック（✓）を入れましょう。

Lesson 2
音の強弱

➡音声はこちらから

Goal!

☐ 英語の「音の強弱」がわかる

Listen!

対話を聞き，アメリカの学校で冬に行われるスポーツをすべて選びましょう。

①

②

③

④

次のページで解答と音声ポイントをチェック！

①, ③

スクリプト	和訳
M: What kind of sports do you do at school in America?	M：アメリカの学校ではどんなスポーツをするの？
W: In PE class?	W：体育の授業でってこと？
M: Yes, in your PE class at school.	M：そう，学校の体育の授業で。
W: In the summer we do football, and sometimes soccer and running. In the winter we do volleyball, basketball and indoor tennis.	W：夏にはアメリカンフットボールをするわ。それと，時々サッカーやランニングも。冬にはバレーボール，バスケットボール，室内テニスをするわ。

🔊 Sound Focus 音の強弱に注意！

映像

日本語と英語の違いは，音のかたまりの数だけではありません。英語には，「強く・高く・長く・はっきり」発音するところ（●で表します）と，「弱く・低く・短く・あいまいに」発音するところ（●で表します）があり，このようなメリハリをつけた発音の仕方が身についていないと，聞き取りも難しくなります。また，VOL-ley-ball（●●●）や BAS-ket-ball（●●●）のように，中程度の強さを持つ音のかたまり（●）を含む単語もあります。日本人は弱い発音が特に苦手なので，一番小さな●のところは十分に口元の筋肉をゆるめて，力を抜いて発音できるように練習しましょう。

Training
🎧 音の強弱に注意しながら聞き比べてみましょう。

☐ ❶ バレーボール／ volleyball（VOL-ley-ball）

☐ ❷ フットボール／ football（FOOT-ball）

☐ ❸ バスケットボール／ basketball（BAS-ket-ball）

☐ ❹ サッカー／ soccer（SOC-cer）

🗣 音声に続けて，❶〜❹の英単語を音の強弱に注意しながら2回ずつ声に出してみましょう。発音できたら，チェックボックス（☐）にチェック（✓）を入れましょう。

Step1 練習問題

対話を聞き，質問の答えとして最も適切なものを1つ選びましょう。

(1) Where is Ms. Simpson from?

① America.　　② Australia.　　③ Canada.　　④ New Zealand.

(2) Where does Emma say she lives?

① In a different building.　② In a house.　③ In a mansion.　④ In an apartment.

(3) What does Hiro use on a sunny day?

① A motorcycle.　　② A bike.　　③ The bus.　　④ The train.

■■■■■■■■■■■■■　ここまでで答え合わせ！ ：解答冊子 p.9 ➡

Training

🎧 音声を聞き，空所に入る語を書きましょう。

☐ (1) She said ＿＿＿＿＿＿＿＿＿ , near ＿＿＿＿＿＿＿＿＿ .

☐ (2) I live in an ＿＿＿＿＿＿＿＿＿ .

☐ (3) When it's sunny, I ride my ＿＿＿＿＿＿＿＿＿ .

🗨 書き取った箇所の**音の強弱**に注意しながら，音声に続けて，上の(1)～(3)の文を2回ずつ声に出してみましょう。発音できたら，チェックボックス（☐）にチェック（✓）を入れましょう。

Step2 実戦問題

1 3つの英文を聞き，写真の内容に最も合っているものを1つ選びましょう。

(1)

①　　②　　③

17

(2)

① ② ③

(3)

① ② ③

2 対話を聞き，質問の答えとして最も適切なものを1つ選びましょう。

(1) Which items will the waitress bring the man?

① ② ③

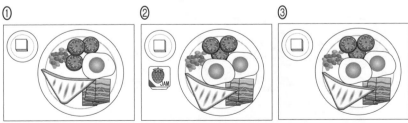

(2) Where will the woman go first?

① ② ③

(3) Which of the following pictures shows Richard's children?

① ② ③

■ ■ ■ ■ ■ ■ ■ ■ ■ ■ ■ ■ ■ ここまでで答え合わせ！ ：解答冊子 p.11 ➡

Training

📢 下線部の**音の強弱**に注意しながら，音声に続けて，以下の文を2回ずつ声に出してみましょう。発音できたら，チェックボックス（□）にチェック（✓）を入れましょう。

□ ❶ Hamburgers are being prepared. （HAM-burg-ers）

□ ❷ The woman is using a hose in the garden. （GAR-den）

□ ❸ The audience are clapping their hands. （AU-di-ence）

□ ❹ I'd like the full breakfast with two eggs, please. （BREAK-fast）

□ ❺ Would you get some fruit on your way home from the station? （STA-tion）

□ ❻ Our oldest, Jake, is a teenager now. （TEEN-ag-er）

Let's Speak!

これから質問を聞きます。各質問のあとにポーズがあります。ポーズのあいだに，質問に対する応答として最も適切なものを1つ選んで読み上げましょう。ポーズのあとに解答が流れるので，続けて発音しましょう。

☐ (1)

① We did club activities after school.

② My school didn't have a basketball club.

③ I was a member of the volleyball club.

④ Club usually finishes at six.

☐ (2)

① In the living room.

② I usually watch it in the evening.

③ My father watches it often.

④ For about two hours a day.

☐ (3)

① I would like to visit another country.

② The capital city is Washington D.C.

③ I've always been interested in Indonesia.

④ I haven't been overseas before.

ここまでで答え合わせ！ ：解答冊子 p.14

Training

🔊 Let's Speak! の解答を，音声に続けて2回ずつ声に出してみましょう。発音できたら，チェックボックス（☐）にチェック（✓）を入れましょう。

Lesson 3
強弱の位置

➡音声はこちらから

Goal!

□ 英語の「音の強弱の位置」がわかる

Listen!

女性が昼食に持ってくるものをすべて選びましょう。

①

②

③

④

次のページで解答と音声ポイントをチェック！

①，③，④

スクリプト	和訳
M: Did you bring a packed lunch?	M：お弁当持ってきた？
W: Yes, I always bring one on Mondays.	W：うん，私は月曜日はいつもお弁当を持ってくるよ。
M: What do you usually bring?	M：いつもは何を持ってくるの？
W: Well, some fruit: an apple or banana, and then maybe a sandwich and some potato chips.	W：ええと，リンゴかバナナといった果物と，サンドイッチとポテトチップスかな。
M: Potato chips for lunch? That sounds perfect!	M：昼ご飯にポテトチップス？　それは最高だね！

🔊 Sound Focus 　強弱の位置に注意！

映像

　banana も potato も，音のかたまりの数は日本語・英語ともに 3 つで同じですが，発音は大きく異なります。英語では，ba-NAN-a（●●●），po-TA-to（●●●）のように，2 つ目の音のかたまりを「強く・高く・長く・はっきりと」発音します。同様に，hotel は ho-TEL（●●），violin は vi-o-LIN（●●●）のように発音するので，やはりカタカナの発音とかなり異なりますね。このように正しい強弱の位置を意識して発音練習を重ねると，聞き取りも楽になってきます。

Training

🎧 強弱の位置に注意しながら聞き比べてみましょう。

□ ❶ バナナ／ banana（ba-NAN-a）　　□ ❷ ポテト／ potato（po-TA-to）

□ ❸ ホテル／ hotel（ho-TEL）　　□ ❹ バイオリン／ violin（vi-o-LIN）

🔊 音声に続けて，❶〜❹の英単語を**強弱の位置**に注意しながら 2 回ずつ声に出してみましょう。発音できたら，チェックボックス（□）にチェック（✓）を入れましょう。

Step1
練習問題

対話を聞き，質問の答えとして最も適切なものを1つ選びましょう。

(1) 男の子が今入っているのはどの部活ですか。

① ②

③ ④

No Club

(2) 男性が選んだのはどのカードですか。

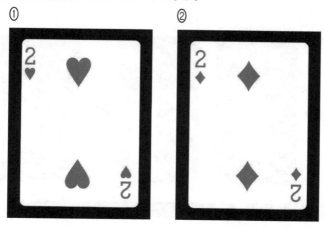

① ②

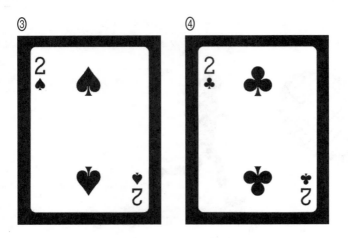

(3) ドアを閉める方法として正しいものはどれですか。

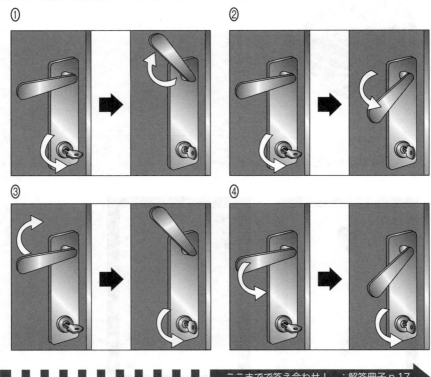

ここまでで答え合わせ！ :解答冊子 p.17

Training

🎧 音声を聞き，空所に入る語を書きましょう。

☐ (1) I finally joined the ＿＿＿＿＿＿＿＿＿＿ team in high school.

☐ (2) You chose the two of ＿＿＿＿＿＿＿＿＿＿ .

☐ (3) Lift the ＿＿＿＿＿＿＿＿＿＿ up, then turn the key.

🗣 書き取った箇所の**強弱の位置**に注意しながら，音声に続けて，上の(1)〜(3)の文を2回ずつ声に出してみましょう。発音できたら，チェックボックス（☐）にチェック（✓）を入れましょう。

Step 2
実戦問題

1 聞こえてくる英文の内容に最も近いものを1つ選びましょう。

(1)

①

②

③

④

(2)

① ② ③ ④

(3)

① ② ③ ④

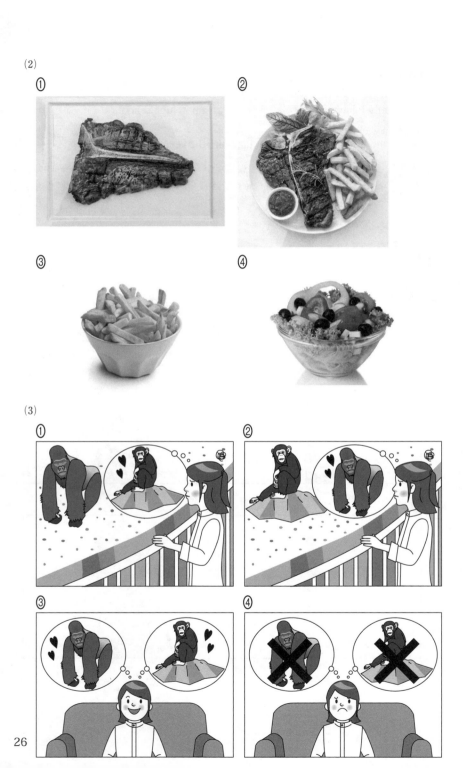

26

2 対話を聞き，それに続く発言として最も適切なものを 1 つ選びましょう。

(1)

① Fasten your seatbelt before you start.

② Hold on to the stick, like this.

③ Just sit down and place your fingers here.

(2)

① Certainly．When would you like to check in?

② Certainly．How many people for dinner?

③ Certainly．How many tickets would you like?

(3)

① Please take the escalator to the second floor.

② There is an elevator over there.

③ The accessory shop is closed today.

ここまでで答え合わせ！ ：解答冊子 p.19

Training

🔊 下線部の**強弱の位置**に注意しながら，音声に続けて，以下の文を 2 回ずつ声に出してみましょう。発音できたら，チェックボックス（□）にチェック（✓）を入れましょう。

□ ❶ He's eating a <u>sandwich</u> now.（SAND-wich）

□ ❷ Can I have the steak without <u>potatoes</u>, please?（po-TA-to(es)）

□ ❸ She wanted to see <u>gorillas</u> rather than <u>chimpanzees</u>.

（go-RIL-la(s)，chim-pan-ZEE(S)）

□ ❹ Is this your first <u>piano</u> lesson?（pi-A-no）

□ ❺ Is this the Central <u>Hotel</u>?（ho-TEL）

□ ❻ The <u>escalator</u> is out of order.（ES-ca-la-tor）

Step3 Let's Speak!

これから質問を聞きます。各質問のあとにポーズがあります。ポーズのあいだに，質問に対する応答として最も適切なものを1つ選んで読み上げましょう。ポーズのあとに解答が流れるので，続けて発音しましょう。

☐ (1)

　① I'm not sure how to learn it.

　② It has 26 letters.

　③ It is quite easy to learn.

　④ We learn the alphabet in elementary school.

☐ (2)

　① Clubs are held after school and on weekends.

　② I like to play soccer in my free time.

　③ I think it's the badminton club.

　④ There are around 20 different clubs.

☐ (3)

　① I help them to clean the house.

　② My father is an engineer and my mother is a teacher.

　③ They both come from Okinawa.

　④ They often help me with my homework.

■ ■ ■ ■ ■ ■ ■ ■ ■ ■ ■ ■ ここまでで答え合わせ！ ：解答冊子 p.21 ▶

Training

Let's Speak! の解答を，音声に続けて2回ずつ声に出してみましょう。発音できたら，チェックボックス（☐）にチェック（✓）を入れましょう。

28

Lesson 4
余分な母音

➡音声はこちらから

Goal!

☐ 英語の「余分な母音を入れない発音」がわかる

Listen!

男性が持って行くものをすべて選びましょう。

①

②

③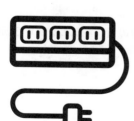

④

次のページで解答と音声ポイントをチェック！

29

①. ②

スクリプト	和訳
W: Come on, we're late for the show!	W：早く，ショーに遅れちゃってる！
M: What time is it?	M：今何時？
W: It's 5:40. We need to hurry.	W：5時40分よ。急がないと。
M: Sorry! My watch is broken. I'll just get my bag.	M：ごめん！ 時計が壊れているんだ。バッグだけ取ってくるよ。
W: Don't forget your coat, too. It's going to be much colder later this evening.	W：コートも忘れないで。夜遅くにはずっと寒くなるわ。

🔊 Sound Focus　余分な母音に注意！

映像

　Lesson 1 で，日本語と英語では「音のかたまりの数」が異なることを学びましたが，その原因はズバリ「母音挿入」です。日本語の「かきくけこ」をローマ字で見ると ka, ki, ku, ke, ko と「子音 k＋母音あいうえお」の組み合わせになっています。このように，日本語はほとんどが「子音＋母音」の組み合わせから成っているため，bag や coat のように英単語の語尾が子音で終わっていても，「bag う」「coat お」のように，余分な「う」や「お」を入れてしまいがちです。余分な母音を入れた発音から抜け出せれば，bag, coat などの語が正しく聞き取れるようになってきます。

Training

🎧 単語の終わりの音に注意しながら聞き比べてみましょう。

□❶ バッグ／bag　□❷ コート／coat　□❸ バット／bat　□❹ テント／tent

🗣 音声に続けて，❶〜❹の英単語を単語の終わりの音に注意しながら2回ずつ声に出してみましょう。発音できたら，チェックボックス（□）にチェック（✓）を入れましょう。

Step1
練習問題

対話を聞き，質問の答えとして適切なものを選びましょう。

(1) オリバーが持って行くものはどれですか。当てはまるものをすべて選びましょう。

① ②

③ ④

Lesson 4

(2) 女性のリュックサックに入っているものはどれですか。当てはまるものをすべて
選びましょう。

① ②

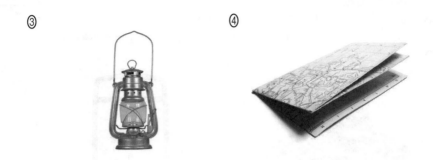

③　　　　　　　　　　　　　　④

(3) 男性が選ぶ可能性の高いアバター（インターネット上での自分のキャラクター）
　　はどれですか。

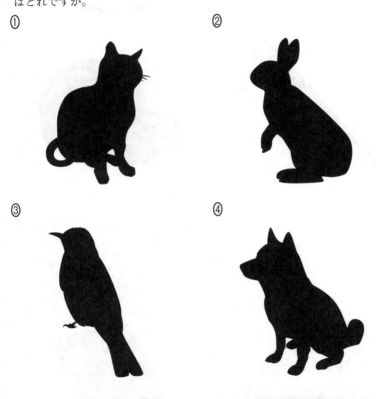

①　　　　　　　　　　　　　　②

③　　　　　　　　　　　　　　④

ここまでで答え合わせ！　：解答冊子 p.24

Training

🎧 音声を聞いて，空所に入る語を書きましょう。

☐ (1) I have some sun _____ in my bag.

☐ (2) We should take a _____ and a guidebook.

☐ (3) A _____ sounds good.

🐦 書き取った箇所の**単語の終わりの音**に注意しながら，音声に続けて，上の(1)〜(3)の文を2回ずつ声に出してみましょう。発音できたら，チェックボックス（☐）にチェック（✓）を入れましょう。

Lesson 4

Step² 実戦問題

1 聞こえてくる英文への応答として最も適切なものを1つ選びましょう。

(1)

① I think it's going to rain.

② I think it will be fine.

③ I'm busy on Friday evening.

(2)

① He just bought it last month.

② It is faster than the old one.

③ Seven people can ride inside.

(3)

① Did you forget to invite him?

② I'll get some later.

③ We need to get it out.

2 対話を聞き，質問の答えとして最も適切なものを1つ選びましょう。

(1) 男の子が新しい時計を置きたいのはどこですか。

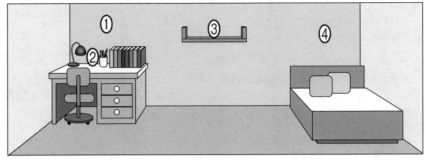

(2) 男性はどの順番でクリックすればよいですか。

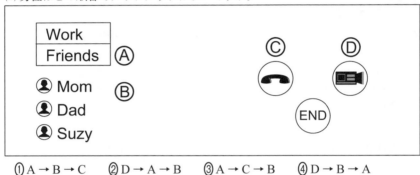

①A → B → C　　②D → A → B　　③A → C → B　　④D → B → A

(3) 正しい組み合わせはどれですか。

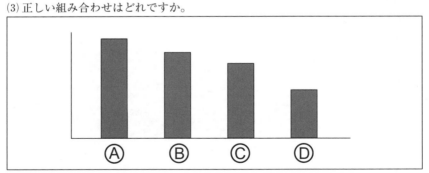

①A：医者，　　　　B：宇宙飛行士，C：パイロット，D：銀行員
②A：銀行員，　　　B：宇宙飛行士，C：パイロット，D：医者
③A：宇宙飛行士，B：パイロット，C：銀行員，　　　D：医者
④A：医者，　　　　B：パイロット，C：宇宙飛行士，D：銀行員

ここまでで答え合わせ！　：解答冊子 p.26

Training

🔊 下線部の**単語の終わりの音**に注意しながら，音声に続けて，以下の文を2回ずつ声に出してみましょう。発音できたら，チェックボックス（□）にチェック（✓）を入れましょう。

□ ❶ Good lu<u>ck</u> with your math te<u>st</u> on Friday!（× luck う，test お）

□ ❷ How bi<u>g</u> is your father's new tru<u>ck</u>?（× big う，truck う）

□ ❸ I don't thi<u>nk</u> there is any more i<u>nk</u>.（× think う，ink う）

□ ❹ How about on the wall above the de<u>sk</u>?（× desk う）

□ ❺ Cli<u>ck</u> on the "Friends" icon.（× click う）

□ ❻ Working in a ba<u>nk</u> came top.（× bank う）

$Step^3$ Let's Speak!

これから質問を聞きます。各質問のあとにポーズがあります。ポーズのあいだに，質問に対する応答として最も適切なものを1つ選んで読み上げましょう。ポーズのあとに解答が流れるので，続けて発音しましょう。

□ (1)

    ① I have saved around 20,000 yen.

    ② I'm hoping to get a new game.

    ③ I often get it from my grandparents.

    ④ We get money each year on January 1st.

□ (2)

    ① I have to take a bus.

    ② I leave at 7:30.

    ③ I meet my friends there.

    ④ It takes about 20 minutes.

□ (3)

    ① I go to bed early on Sundays.

    ② I'll play with my friends in the park.

    ③ We have English three times a week.

    ④ We'll have a test in the morning.

ここまでで答え合わせ！ ：解答冊子 p.29 ➡

Training

🔊Let's Speak! の解答を，音声に続けて2回ずつ声に出してみましょう。発音できたら，チェックボックス（□）にチェック（✓）を入れましょう。

Lesson 5
子音のかたまり

→音声はこちらから

Goal!

☐ 英語の「子音のかたまりの発音」がわかる

Listen!

女性は何を買いましたか。

①

②

③

④

次のページで解答と音声ポイントをチェック！

答えとスクリプト

①

スクリプト	和訳
M: Have you finished shopping?	M：買いものは終わった？
W: I think so. How about you?	W：と思うわ。そっちはどう？
M: Yes. I got everything that I came for. I bought some jeans and a pair of shoes.	M：終わったよ。ここに来た目的のものはすべて買った。ジーンズを何本かと靴を1足買ったよ。
W: Oh, I like the shoes.	W：わあ，その靴いいわね。
M: What did you buy?	M：君は何を買ったの？
W: I just picked up this dress. It was on sale.	W：このドレスだけ。セールだったの。
M: Great, I like the color. It looks really nice on you.	M：いいね，僕はその色が好きだな。君にとってもよく似合うよ。
W: Thanks.	W：ありがとう。

🔊 Sound Focus　子音のかたまりに注意！

映像

　英語には，dress, train, street のように，子音が連続して並ぶ「子音結合」を持つ単語がたくさんあります。Lesson 4 で学んだように，日本人は子音の後ろに余分な母音をつけてしまう傾向があります。「d お ress」「t お rain」「s う t お reet」のような発音にならないよう，dr, tr, str といった子音結合のところは，1つの音のように一気に発音してみるとよいでしょう。

Training

🎧 **子音のかたまりに注意しながら聞きましょう。**

- ☐ ❶ dress （× d お ress）
- ☐ ❷ train （× t お rain）
- ☐ ❸ class （× c う lass）
- ☐ ❹ street （× s う t お reet）

🔊 音声に続けて，❶〜❹の英単語を**子音のかたまりに注意しながら**2回ずつ声に出してみましょう。発音できたら，チェックボックス（☐）にチェック（✓）を入れましょう。

Step1 練習問題

対話を聞き，質問の答えとして最も適切なものを1つ選びましょう。

(1) Where does the new blend come from?

① Belgium.　　　　　　② Brazil.

③ Colombia.　　　　　 ④ Costa Rica.

(2) What will the girl do after school today?

① She will do her homework.　　② She will take an English test.

③ She will practice in a band.　　④ She will sleep at home.

(3) What is the problem with the new jacket?

① It's dirty.　　　　　② It's expensive.

③ It's small.　　　　　④ It's wet.

ここまでで答え合わせ！　：解答冊子 p.31

ここまでで答え合わせ！　：解答冊子 p.31

Training

🎧 音声を聞いて，空所に入る語を書きましょう。

□ (1) It is a smooth coffee from _____ .

□ (2) I'll just go home and _____ .

□ (3) It's clean, but not _____ yet.

📝 書き取った箇所の**子音のかたまり**に注意しながら，音声に続けて，上の(1)〜(3)の文を2回ずつ声に出してみましょう。発音できたら，チェックボックス（□）にチェック（✓）を入れましょう。

Step2 実戦問題

1 聞こえてくる英文の内容に最も近い意味のものを1つ選びましょう。

(1)

① The speaker does not like omelets.

② The speaker doesn't like shrimp.

③ The speaker is not hungry now.

④ The speaker worries about the taste.

Lesson 5

(2)

    ① They can't get to the playground today.

    ② They need to walk to the playground.

    ③ They will need to take a bus.

    ④ They will travel by their car.

(3)

    ① The product has been sent to the wrong place.

    ② The product has made the speaker happy.

    ③ The speaker is not happy with the product.

    ④ The speaker wants to buy a new product.

2 対話を聞き，質問の答えとして最も適切なものを1つ選びましょう。

(1) 電車はいつ到着しますか。

① 10:10   ② 10:30   ③ 10:40

(2) 人気投票の結果として，正しい組み合わせはどれですか。

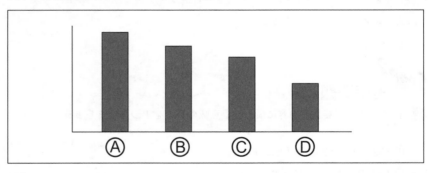

    ① A：grey， B：green， C：black， D：brown

    ② A：black， B：brown， C：grey，   D：green

    ③ A：black， B：grey，   C：brown， D：green

（3）女性はいくら支払いますか。

① ② ③

| $60 | $35 | $25 |

ここまでで答え合わせ！：解答冊子 p.33

Lesson 5

Training

🔊 下線部の**子音のかたまり**に注意しながら，音声に続けて，以下の文を 2 回ずつ声に出してみましょう。発音できたら，チェックボックス（□）にチェック（✓）を入れましょう。

- □ ❶ The shrimp omelet looks too spicy. （× sh う rimp, om(e) う let, s う picy）
- □ ❷ We'll have to drive to the playground. （× d お rive, p う layg う round）
- □ ❸ Can I get it replaced? （× rep う laced）
- □ ❹ The train is delayed by ten minutes. （× t お rain）
- □ ❺ Grey is second from the bottom. （× g う rey）
- □ ❻ The glass is included in the price. （× g う lass, inc う luded）

Step³ Let's Speak!

これから質問を聞きます。各質問のあとにポーズがあります。ポーズのあいだに，質問に対する応答として最も適切なものを 1 つ選んで読み上げましょう。ポーズのあとに解答が流れるので，続けて発音しましょう。

□ （1）

    ① I usually wear jeans on the weekends.

    ② The shirt is blue and the blazer is grey.

    ③ Uniforms are popular for Japanese schools.

    ④ We must wear a uniform to school.

☐ (2)

    ① It is usually held on Saturdays.

    ② Most students are too shy to volunteer.

    ③ Volunteers are often needed after school.

    ④ We plant flowers and trees.

☐ (3)

    ① I liked the art teacher best.

    ② I took a packed lunch to school.

    ③ We drew pictures with crayons.

    ④ We had art once a week.

■ ■ ■ ■ ■ ■ ■ ■ ■ ■ ■ ここまでで答え合わせ！ ：解答冊子 p.36 ➤

Training

🔊 Let's Speak! の解答を，音声に続けて2回ずつ声に出してみましょう。発音できたら，チェックボックス（☐）にチェック（✓）を入れましょう。

Lesson 6
まとめ ①

➡音声はこちらから

Goal!

☐ Lesson 1 〜 Lesson 5 のポイントを定着させる

Listen!

ここまでのレッスンの復習です。各レッスンで学んだポイントを思い出しながら，音声に続けて発音してみましょう。

Lesson 1　音のかたまりの数

❶ salad（sa-lad）

❷ keyboard（key-board）

❸ chocolate（choc-o-late）

❹ smartphone（smart-phone）

Lesson 2　音の強弱

❶ volleyball（VOL-ley-ball）

❷ football（FOOT-ball）

❸ basketball（BAS-ket-ball）

❹ soccer（SOC-cer）

Lesson 3　強弱の位置

❶ banana（ba-NAN-a）

❷ potato（po-TA-to）

❸ hotel（ho-TEL）

❹ violin（vi-o-LIN）

Lesson 4　余分な母音

❶ bag

❷ coat

❸ bat

❹ tent

Lesson 5　子音のかたまり

❶ dress

❷ train

❸ class

❹ street

次のページからまとめ問題に挑戦！

43

Step1 実戦問題

1 聞こえてくる英文の内容に最も近いものを1つ選びましょう。

(1)

① ②

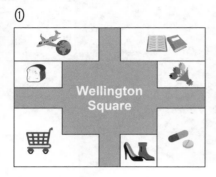

③ ④

(2)

① ②

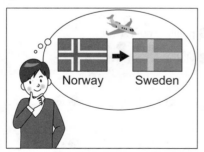
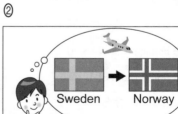

③

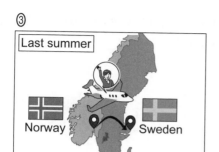

④

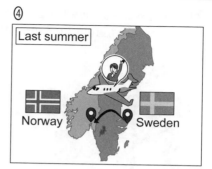

Lesson 6

(3)

①

②

③

④

2 写真を見ながら対話を聞きます。そのあとに読まれる3つの英文のうち，対話に続くものとして最も適切なものを1つ選びましょう。

(1)

① ② ③

(2)

① ② ③

(3)

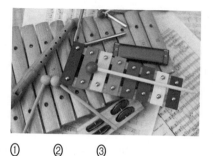

① ② ③

3 英文と質問を聞き，その答えとして最も適切なものを１つ選びましょう。

(1)

① Terminal 1 has no shops to buy some gifts.

② Terminal 2 is for international flights.

③ You can get some gifts at Terminal 1.

④ You can only reach the airport by bus or train.

(2)

① Australia is at the center of the map.

② Europe is at the center of the map.

③ Japan is below Australia.

④ The "East" is higher than the "West".

(3)

① Break some of the plates.

② Put food onto plates.

③ Put knives, forks and spoons into a machine.

④ Wash cups by hand.

4 対話を聞き，質問の答えとして最も適切なものを１つ選びましょう。

質問：(1)～(5)の人が持つ車の色は，どれですか。①～⑧から選んで答えましょう。

(1) Mary   (2) Jack   (3) Tom   (4) Cathy   (5) Lisa

① black   ② blue   ③ brown   ④ green

⑤ silver   ⑥ orange   ⑦ white   ⑧ yellow

Step2 Let's Speak!

1 これから質問を聞きます。各質問のあとにポーズがあります。ポーズのあいだに，質問に対する応答として最も適切なものを1つ選んで読み上げましょう。ポーズのあとに解答が流れるので，続けて発音しましょう。

☐ (1)

① I go three times a week.　② I like to play golf.
③ I usually do it before school.　④ We have 50-minute lunchtime at school.

☐ (2)

① I bought some video games last year.　② I went to a party last week.
③ It's on November 21st.　④ My family will take me to a restaurant.

☐ (3)

① I love both books and comics.
② I'll buy a new comic next week.
③ Japanese comics are read all over the world.
④ My school has a lot of books in the library.

2 あなたは，他校の学校の先生にインタビューをすることになりました。以下の流れにしたがって，インタビューをしましょう。

1．インタビューで質問する項目は，次の3つです。それぞれの質問項目に対応する英文を，①〜⑥の中から選びましょう。

A：担当教科
B：1週間あたりの担当時間数
C：顧問をしている部活

① Do you come to school by car or train?
② How long do you check homework every day?
③ How many classes do you have in a week?
④ How many students do you have in each class?
⑤ Which club are you in charge of?
⑥ Which subject do you teach?

2．インタビューのモデル音声を聞きながら，質問をしましょう。

・1で選んだ質問をするタイミングで，アルファベット（A〜C）とチャイム音が流れるので，チャイム音のあとで質問を音読してみましょう。
・音読のあと，正解の音声が流れるので，音声に続けて繰り返しましょう。
・繰り返したあと，質問に対する答えが返ってくるので，聞きましょう。

Lesson 7
つながる音

➡音声はこちらから

Goal!

☐ 英語の「つながって発音される音」がわかる

Listen!

放送を聞き，次の応答文の空所に当てはまる表現を2語で書きましょう。

What was Brian asked to do?
—— He was asked to _____ _____ the trash.

（Memo）

次のページで解答と音声ポイントをチェック！

take out

スクリプト	和訳
W: Brian, are you busy? I need you to help me.	W：ブライアン，忙しい？　手伝ってほしいんだけど。
M: I'm doing my homework, Mom. Can it wait?	M：宿題をしているんだよ，お母さん。あとでもいい？
W: Are you sure you're doing your homework? I can hear music.	W：本当に宿題をしているの？　音楽が聞こえるわよ。
M: I'm listening to music while I study.	M：勉強しながら音楽を聞いているんだよ。
W: Well, come down here just for two minutes. I need you to take out the trash.	W：わかったわ，2分だけここに下りてきて。ゴミを出してもらいたいの。
M: Okay, okay. I'm coming.	M：わかった，わかったよ。今行く。

🔊 Sound Focus　つながる音に注意！

映像

　「テイカウ」という音から自分の知らない表現かと思いきや，スクリプトを見ると自分の知っている take out だった，というのはよくあることです。take の語末の子音 /k/ は，out の最初の /aʊ/（アウ）という母音と自然にくっついて /kaʊ/（カウ）と発音されます。同様に，Can it も can の語末の子音 /n/ と it の最初の母音 /ɪ/ がつながって /nɪ/（ニ）となり，全体で「キャニッ t」のように発音されます。英文を音読する時は，音のつながりを意識して練習するようにしましょう。

Training

🎧 音のつながりに注意しながら聞いてみましょう。

☐ ❶ take out　　☐ ❷ instead of　　☐ ❸ look after　　☐ ❹ stand up

🔊音声に続けて，❶～❹の表現を音のつながりに注意しながら2回ずつ声に出してみましょう。発音できたら，チェックボックス（☐）にチェック（✓）を入れましょう。

Step1 練習問題

対話を聞き，質問の答えとして最も適切なものを1つ選びましょう。

(1) What will John do next?

① Buy a new jacket.

② Hold a party.

③ Put on his tie.

④ Wear a shirt.

(2) What is Lisa going to do?

① Get a suit for the man.

② Show the back.

③ Look for a new dress.

④ Open the curtain.

(3) What is the problem?

① Oliver is not at home.

② The man has forgotten to close the door.

③ The woman doesn't like Oliver.

④ The woman is not at home.

Lesson 7

■■■■■■■■■■■■■ ここまでで答え合わせ！ ：解答冊子 p.47

Training

🎧 音声を聞いて，空所に入る語を書きましょう。

☐ (1) I need to _____ _____ my new shirt.

☐ (2) I'll just _____ _____.

☐ (3) You had left your _____ _____.

📣 書き取った箇所の**音のつながり**に注意しながら，音声に続けて，上の(1)～(3)の文を2回ずつ声に出してみましょう。発音できたら，チェックボックス（☐）にチェック（✓）を入れましょう。

51

Step2
実戦問題

1 3つの英文を聞き，イラストの内容に最も合っているものを1つ選びましょう。

(1)

① ② ③

(2)

① ② ③

(3)

① ② ③

52

2 対話と質問を聞き，その答えとして最も適切なものを1つ選びましょう。

(1)

①

Thu	Fri	Sat	Sun
☀	🌧	🌧	☀

②

Thu	Fri	Sat	Sun
🌧	☀	🌧	☀

③

Thu	Fri	Sat	Sun
☀	☀	🌧	☀

④

Thu	Fri	Sat	Sun
☀	🌧	🌧	🌧

(2)

(3)

①

Set up time :	10 minutes
Easy to log on :	★★★★
Restart time :	5 minutes
Price :	$300

②

Set up time :	5 minutes
Easy to log on :	★
Restart time :	5 minutes
Price :	$300

③

Set up time :	15 minutes
Easy to log on :	★★★★
Restart time :	1 minute
Price :	$400

④

Set up time :	5 minutes
Easy to log on :	★
Restart time :	3 minutes
Price :	$900

Lesson 7

3 放送を聞き，質問の答えとして最も適切なものを1つずつ選びましょう。

(1)

Q1. What is the topic of this class?

① British versus American culture.

② Food all over the world.

③ How to order food to take out.

④ Take away food in the English-speaking world.

Q2. What is the most popular take away food in New Zealand?

① Coffee and donuts.

② Fish and chips.

③ Hamburgers and fries.

④ Pizza and fried chicken.

(2)

Q1. What do we do more of these days, according to the talk?

① Look at social media.

② Speak to our friends and families.

③ Study how to take pictures.

④ Take photos of ourselves.

Q2. Why should you hold your face at an angle?

① Because it is easier to see the camera.

② Because you will create shadows.

③ Because you can smile with your chin down.

④ Because your face will look wider.

(3)

Q1.Which city is known as the Big Easy?

① Los Angeles.

② New Orleans.

③ New York.

④ Philadelphia.

Q2. According to the talk, how are some nicknames created?

① By the food that is eaten in that city.

② By the location of the city, for example in the east or the west.

③ By translating non-English words into English.

④ By using a foreign language to replace an English name.

■■■■■■■■■■■■■ ここまでで答え合わせ！ ：解答冊子 p.49

Lesson 7

Training

🔊 **音のつながり**に注意しながら，音声に続けて，以下の文を 2 回ずつ声に出して みましょう。発音できたら，チェックボックス（□）にチェック（✓）を入れましょう。

☐ ❶ The boy is saying "good afternoon".

☐ ❷ The woman is interested in the house.

☐ ❸ The goal is too far away.

☐ ❹ It will clear up the day after our picnic.

☐ ❺ The cat is on top of the book.

☐ ❻ It takes a while to set up.

☐ ❼ We're looking at take away food in English-speaking countries.

☐ ❽ We take a lot more pictures than in the past.

☐ ❾ New Orleans is known as the Big Easy.

Step 3

Let's Speak!

これから質問を聞きます。各質問のあとにポーズがあります。ポーズのあいだに，質問に対する応答として最も適切なものを1つ選んで読み上げましょう。ポーズのあとに解答が流れるので，続けて発音しましょう。

☐ (1)

   ① I try to sleep for seven or eight hours.   ② I turn on the news.

   ③ I usually go to bed late.   ④ I wake up around six.

☐ (2)

   ① I don't use technology so often.

   ② I think schools should introduce more subjects.

   ③ No, technology is useful for our lives.

   ④ Yes, I think students can do more homework online.

☐ (3)

   ① Plastic should become cheaper to buy.

   ② Too much plastic is bad for the environment.

   ③ We can make many useful things from plastic.

   ④ We should pay more to throw away plastic items.

■■■■■■■■■■■ ここまでで答え合わせ！ ：解答冊子 p.56 ➡

Training

🔊 Let's Speak! の解答を，音声に続けて2回ずつ声に出してみましょう。発音できたら，チェックボックス（☐）にチェック（✓）を入れましょう。

Lesson 8
変身する音

➡️音声はこちらから

Goal!

☐ 英語の「つながって変身する音」がわかる

Listen!

頼まれたことはどれでしょうか。すべて選びましょう。

①

②

③

④

次のページで解答と音声ポイントをチェック！

①. ④

スクリプト	和訳
Hi, Julie. Did you get my message about Saturday? Thank you for looking after our cat. At noon, would you give him some food? You can find it in the box under the kitchen table. After that, could you play with him? Thanks so much. See you when we get back.	やあジュリー。土曜日についてのメッセージを受け取ったかな？　私たちのネコの面倒を見てくれてありがとう。正午に，彼に食べものを与えてくれる？　食べものはキッチンテーブルの下の箱にあるよ。そのあと，彼と遊んでくれる？　本当にありがとう。帰ったら会いましょう。

📢 **Sound Focus**　変身する音に注意！

映像

　Lesson 7 では，単語を続けて発音したときに「子音＋母音」がつながる現象がテーマでしたが，ここでは，続けて発音したときに「子音＋子音」の部分の「音そのものが変わる」現象を取り上げます。did のように子音 /d/ で終わる単語の直後に you の冒頭の子音 /j/ が出会うと，2つの音が影響し合い，/d/ ＋ /j/（ドゥ＋ユ）が /dʒ/（ヂュ）という音に変身するということがよくあります。「はじめまして」の Nice to meet you. の meet you（ミートゥユー）で「ミーチュー」のように音が変身するのも，同様の現象です。

Training

🎧 **変身する音**に注意しながら聞いてみましょう。

☐ ❶ would you（ドゥ＋ユ → ヂュ）　　☐ ❷ could you（ドゥ＋ユ → ヂュ）
☐ ❸ meet you（トゥ＋ユ → チュ）　　☐ ❹ send you（ドゥ＋ユ → ヂュ）

🔊 音声に続けて，❶～❹の表現を**変身する音**に注意しながら2回ずつ声に出してみましょう。発音できたら，チェックボックス（☐）にチェック（✓）を入れましょう。

練習問題

対話を聞き，質問の答えとして最も適切なものを1つ選びましょう。

(1) When did Ms. Davies arrive in Japan?

① Almost two years ago.

② In August this year.

③ Last autumn.

④ Three years ago.

(2) What will the boy's mother feel after the conversation?

① Angry.

② Excited.

③ Happy.

④ Lonely.

(3) What will the girl do with the ruler?

① Buy it.

② Give it to the boy.

③ Lend it to the boy.

④ Throw it away.

ここまでで答え合わせ！　：解答冊子 p.58

Training

🎧 音声を聞いて，空所に入る語を書きましょう。

☐ (1) I came here ＿＿＿＿＿＿＿ ＿＿＿＿＿＿＿ in October.

☐ (2) I'll ＿＿＿＿＿＿＿ ＿＿＿＿＿＿＿ .

☐ (3) I'll ＿＿＿＿＿＿＿ ＿＿＿＿＿＿＿ my ruler.

🐦 書き取った箇所の**変身する音**に注意しながら，音声に続けて，上の(1)～(3)の文を2回ずつ声に出してみましょう。発音できたら，チェックボックス（☐）にチェック（✓）を入れましょう。

Step2
実戦問題

1 まず1つの英文が読まれます。そのあとに読まれる3つの英文のうち，最初に読まれた英文への応答として最も適切なものを1つ選びましょう。

(1)

① ② ③

(2)

① ② ③

(3)

① ② ③

2 対話を聞き，質問の答えとして最も適切なものを1つ選びましょう。

(1) Where is Jake's tablet now?

① ② ③

(2) What time is it now?

① ② ③

| 13:45 | 14:00 | 14:15 |

(3) Where does the woman want the boy to go?

① ② ③

60

3 写真を見ながら対話を聞き，その続きとして最も適切なものを1つ選びましょう。

(1)

① Right. I think I'll get some soap.

② Well, I'm afraid her luggage is too heavy.

③ Yeah, she's not a big fan of Japanese sweets.

(2)

① A little. But just basic words.

② Japanese is quite difficult to learn.

③ You had studied *kanji* a lot.

(3)

① I don't want to practice tonight.

② I have made a lot of mistakes.

③ I'll do the best that I can.

ここまでで答え合わせ！ ：解答冊子 p.60

Lesson 8

Training

🔊 下線部の**変身する音**に注意しながら，音声に続けて，以下の文を2回ずつ声に出してみましょう。発音できたら，チェックボックス（□）にチェック（✓）を入れましょう。

A トゥ＋ユ → チュ

□ ❶ I want you to buy some milk and eggs for me.

□ ❷ I want you to be confident on the stage.

B ドゥ＋ユ → ヂュ

□ ❸ I need your help for a minute.

□ ❹ Could you lend your tent to me?

□ ❺ Ms. Benson had your tablet.

□ ❻ Had you studied Japanese much before you came here?

C ズ＋ユ → ジュ

□ ❼ The barbecue grill was used last week.

□ ❽ Is your watch wrong?

□ ❾ You should look for something small, as you don't have much space.

Step3
Let's Speak!

あなたは，高校のクラスメイトにインタビューをすることになりました。以下の流れにしたがって，インタビューをしてみましょう。

1. インタビューで質問する項目は，次の3つです。それぞれの質問項目に対応する英文を，①〜⑥の中から選びましょう。

   A：子どもの頃に住んでいた場所
   B：放課後に好んでしていたこと
   C：子どもの頃の夢

   ① Can you tell me about your favorite thing now?
   ② Could you play tennis well at school?
   ③ What did you want to be when you were young?
   ④ What did you like to do after school?
   ⑤ What would you do if you had a lot of money?
   ⑥ Where did you live when you were a child?

2. インタビューのモデル音声を聞きましょう。
   ・1. で選んだ質問をするタイミングでアルファベット（A〜C）とチャイム音が流れるので，チャイムのあとで質問を音読してみましょう。
   ・音読のあと，正解の音声が流れるので，音声に続けて繰り返しましょう。
   ・繰り返したあと，質問に対する答えが返ってくるので，聞いてみましょう。

ここまでで答え合わせ！ ：解答冊子 p.65

Training
🔖 Let's Speak! の解答を，音声に続けて2回ずつ声に出してみましょう。発音できたら，チェックボックス（□）にチェック（✓）を入れましょう。

Lesson 8

Lesson 9
脱落する音

➡音声はこちらから

Goal!

☐ 英語の「脱落する音」がわかる

Listen!

転校生の家はどれですか。

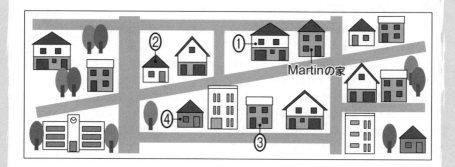

①

②

Martinの家

④

③

（Memo）

次のページで解答と音声ポイントをチェック！

①

スクリプト	和訳
W: Hi, Martin. There was a new girl at school today. I heard she actually lives near you.	W：こんにちは，マーティン。今日，学校に新しく来た女の子がいたの。実はあなたの近くに住んでいるって聞いたわ。
M: Oh, hey, Jasmine. Yeah, that's right. Not just near me, but next door. I walked to school with her today.	M：ああ，やあジャスミン。うん，そうなんだよ。ただ近いんじゃなくて，隣なんだ。今日，彼女と一緒に学校に行ったよ。
W: She's really nice. She said she moved here from Chicago.	W：彼女は本当に素敵ね。シカゴから来たって言っていたわ。
M: She told me that too. I hope she enjoys living here.	M：僕も彼女に聞いたよ。ここでの生活を楽しんでくれるといいな。

🔊 Sound Focus　脱落する音に注意！

映像

　英語には next door の /t/ と /d/ のように，お互いに似た音が隣り合わせになると，1つ目の音を落として発音する「音の脱落」という現象が起こることがあります。例えば，next door や a hot day は，/t/ の音を脱落して nex(t) door, a ho(t) day のように発音されます。また，hot tea や a good day のように同じ子音が隣り合わせになる場合も，いちいち同じ音を繰り返さずに省エネで発音するため「音の脱落」が起こり，ho(t) tea, a goo(d) day のようになります。特に /t/ や /d/ は，子音が2つ以上連続した場合，似た音同士ではなくても脱落することが多いので，要注意です。

Training

🎧 音の脱落に注意しながら聞いてみましょう。

☐ ❶ nex(t) door　　☐ ❷ a ho(t) day　　☐ ❸ a goo(d) day　　☐ ❹ ho(t) tea

🔊音声に続けて，❶～❹の表現を音の脱落に注意しながら2回ずつ声に出してみましょう。発音できたら，チェックボックス（☐）にチェック（✓）を入れましょう。

Step1 練習問題

対話を聞き，質問の答えとして最も適切なものを1つ選びましょう。

(1) What does the man want the woman to do?

① Apply for a passport.

② Care about her health.

③ Pack up her belongings.

④ Plan a trip.

(2) What is the woman going to do?

① Ask for a discount.

② Buy the bracelet.

③ Buy neither the ring nor the bracelet.

④ Get the ring for the man.

(3) What is the girl going to do?

① Continue to do the same activity.

② Leave in a few minutes.

③ Play a game against her classmates.

④ Try another technique.

ここまでで答え合わせ！ ：解答冊子 p.67

Lesson 9

Training

🎧 音声を聞いて，空所に入る語を書きましょう。

☐ (1) Have a safe trip and _____ !

☐ (2) I don't _____ buy it.

☐ (3) I'll _____ my serve.

💭 書き取った箇所の**音の脱落**に注意しながら，音声に続けて，上の(1)～(3)の文を2回ずつ声に出してみましょう。発音できたら，チェックボックス（☐）にチェック（✓）を入れましょう。

Step2
実戦問題

1 聞こえてくる英文の内容に最も近いものを1つ選びましょう。

(1)

① 　②

③ 　④

(2)

①

Period	Monday	…
1	Art	…
2	English	…
3	Science	…
4	Math	…
（Lunch）		
5	PE	…
6	History	…

②

Period	Monday	…
1	Math	…
2	History	…
3	Science	…
4	PE	…
（Lunch）		
5	Art	…
6	English	…

③

Period	Monday	...
1	PE	...
2	English	...
3	Science	...
4	Art	...
(Lunch)		
5	Math	...
6	History	...

④

Period	Monday	...
1	Science	...
2	History	...
3	Music	...
4	PE	...
(Lunch)		
5	Art	...
6	Math	...

(3)

Lesson 9

2 写真を見ながら対話を聞き，対話に続くものとして最も適切なものを1つ選びましょう。

(1)

① Do you need mustard with that?

② I'm sorry, we don't have any hot drinks.

③ Would you like extra onions?

(2)

① Have you had the test already?

② If you want to pass.

③ No, that is on the next day.

(3)

① I used to live around here.

② You can't see it, can you?

③ We're lucky, aren't we?

3 対話を聞き，質問の答えとして最も適切なものを1つ選びましょう。

(1) How did the man fix the problem?

① He bought a new computer.

② He took the computer back to the shop.

③ He replaced a part in the computer.

④ He turned the computer back on.

(2) What does the woman want before five?

① She needs the man to give her some documents.

② She needs the man to make a deal.

③ She wants the man to go back to work.

④ She wants the man to write some e-mails.

(3) What is located at the top of the building?

① A luxury shopping center.

② Homes for rich people.

③ Offices for some top companies.

④ The best rooms of a hotel.

ここまでで答え合わせ！ ：解答冊子 p.69

Lesson 9

Training

下線部の**音の脱落**に注意しながら，音声に続けて，以下の文を2回ずつ声に出してみましょう。発音できたら，チェックボックス（☐）にチェック（✓）を入れましょう。

☐ ❶ Math was the firs(t) class on Mondays.

☐ ❷ A ho(t) dog withou(t) the onions, please.

☐ ❸ Kingfishers are no(t) common around here.

☐ ❹ John finish(ed) reading the newspaper jus(t) now.

☐ ❺ I just bought a new har(d) drive.

☐ ❻ Joey ha(d) to leave school at five.

☐ ❼ Do we nee(d) to study for the test?

☐ ❽ Can you sen(d) them to me by five?

☐ ❾ The to(p) floor has expensive private apartments.

Step3 Let's Speak!

これから質問を聞きます。各質問のあとにポーズがあります。ポーズのあいだに，質問に対する応答として最も適切なものを１つ選んで読み上げましょう。ポーズのあとに解答が流れるので，続けて発音しましょう。

☐ (1)

① I think children have to use the Internet for school work.

② I think parents understand how to use the Internet.

③ I think they need to understand what their children are looking at.

④ I think they should use the Internet more often.

☐ (2)

① It is difficult to say because it's easy to post fake news on the Internet.

② Many TV news stations have their websites.

③ People these days watch various TV programs through the Internet.

④ TV news has been around much longer than Internet news.

☐ (3)

① English is spoken by many people around the world.

② It is good to get used to English at an early age.

③ Japanese people find it difficult to learn English.

④ Speaking English well can help you to get a better job.

■■■■■■■■■■■■ **ここまでで答え合わせ！ ：解答冊子 p.74** ➤

Training

🔊 Let's Speak! の解答を，音声に続けて２回ずつ声に出してみましょう。発音できたら，チェックボックス（☐）にチェック（✓）を入れましょう。

Lesson 10
文の強弱リズム

➡音声はこちらから

Goal!

□ 英語の「文の強弱リズム」がわかる

Listen!

最後の質問に対する応答として，最も適切なものはどれでしょうか。

① An apartment is cheaper.
② Houses are more common.
③ I live in a house with my family.
④ She has a room in an apartment.

（Memo）

次のページで解答と音声ポイントをチェック！

③

スクリプト	和訳
W: Takeru, where do you live in Japan?	W：タケル，日本ではどこに住んでいるの。
M: Oh, I live in Sapporo. It is a city in Hokkaido.	M：ああ，僕は札幌に住んでいるよ。札幌は北海道にある都市だよ。
W: I know Hokkaido. It is in the north of Japan, right?	W：北海道は知っているわ。日本の北の方にあるのよね。
M: Yes, that's right. In the winter it snows a lot, but we have many nice places to ski.	M：うん，そうだよ。冬にはたくさん雪が降るけど，スキーをするのによい場所がたくさんあるよ。
W: <u>Do you live in a house or an apartment?</u>	W：一軒家に住んでいるの？　それともアパートに住んでいるの？

🔊 Sound Focus　文の強弱リズムに注意！

映像

Do you live in a house or an apartment? の文中の単語は，目で見ると簡単なものばかりですが，live, house, apartment が「強く・高く・長く・はっきりと」発音されるのに対し，Do, you, in, a, or, an は「弱く・低く・短く・あいまいに」発音されるので，文全体が聞き取れなかった人もいるかと思います。一般的に，名詞，動詞（be 動詞は除く），形容詞，副詞，what, when, where, which, why, how のような疑問詞，「これ」「それ」を意味する this や that, 否定を表す not のような語は強く発音しますが，be 動詞や助動詞，冠詞，前置詞，接続詞などの語は弱く発音します。普段から英文を音読する際に，このような文の強弱リズムを意識して，メリハリをつけて発音するよう心がけると，自然でリズミカルな英文を耳で聞いてもキャッチできるようになってきます。

Training
🎧 文の強弱リズムに注意しながら聞いてみましょう。
- ☐ ❶ Do you **live** in a **house** or an **apartment**?
- ☐ ❷ **Where** do you **live** in **Japan**?
- ☐ ❸ It is in the **north** of **Japan**.
- ☐ ❹ In the **winter**, it **snows** a **lot**.

🗣 音声に続けて，❶〜❹の表現を**文の強弱リズム**に注意しながら２回ずつ声に出してみましょう。発音できたら，チェックボックス（☐）にチェック（✓）を入れましょう。

Step1
練習問題

対話を聞き，質問の答えとして最も適切なものを1つ選びましょう。

(1) What is the boy's most likely response?

① I studied mathematics in the university.

② I'm going to get there by train.

③ I'm hoping to enter the engineering department.

④ It was pretty difficult, but I think I did well.

(2) When will they study together?

① On Saturday.

② On Sunday.

③ On the weekend.

④ This evening.

(3) What do the students in the club do?

① They clear away trash around the school.

② They greet new students near the school.

③ They pick up exchange students at school.

④ They talk with the local people at school.

ここまでで答え合わせ！ ：解答冊子 p.76

Lesson 10

Training

🎧 音声を聞いて，放送された英文を書き取りましょう。

☐ (1) ....

☐ (2) ....

☐ (3) ....

🐸 **文の強弱リズム**に注意しながら，音声に続けて，上の(1)〜(3)の文を2回ずつ声に出してみましょう。発音できたら，チェックボックス（☐）にチェック（✓）を入れましょう。

Step2 実戦問題

1 聞こえてくる英文の内容に最も近いものを1つ選びましょう。

(1)

① The speaker has written something down on a piece of paper.

② The speaker needs a pen to write with.

③ The speaker wants someone to write something.

④ The speaker would like something to write on.

(2)

① The device is so noisy that the listener cannot sleep.

② The device was made to make strange noises.

③ The speaker wants the listener to check the device.

④ The speaker wants to look at the device.

(3)

① Different kinds of poems were written in different centuries.

② The date of the poem has recently been found out.

③ The poem was created between the 14th and 16th centuries.

④ The poet wrote 14 to 16 poems a year.

2 対話を聞き, 質問の答えとして最も適切なものを1つ選びましょう。

(1) Which of these choices shows the exhibition?

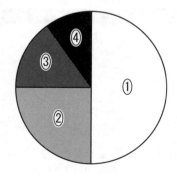

(2) Which of the following graphs agrees with the conversation?

①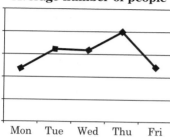

②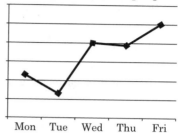

③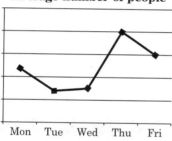

④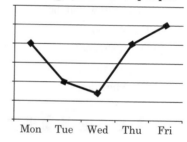

(3) Where does the man's grandmother live now?

男性の家

3 対話を聞き，質問の答えとして最も適切なものを1つ選びましょう。

(1) Which bus should the man take?

① The 23.

② The 34.

③ The 53.

④ The 54.

(2) How much is one toothbrush?

① $1.

② $2.

③ $3.

④ $4.

(3) Which shirt would the woman prefer the man to buy?

① The blue one.

② The green one.

③ The yellow one.

④ The white one.

■ ■ ■ ■ ■ ■ ■ ■ ■ ■ ■ ■ ■ ここまでで答え合わせ！ ：解答冊子 p.78 ▶

Training

🔊 以下の文を，**文の強弱リズム**に注意しながら，音声に続けて2回ずつ声に出してみましょう。❺～❾については，太い下線部を特に強調しましょう。発音できたら，チェックボックス（□）にチェック（✓）を入れましょう。

□ ❶ Do you **have** a **piece** of **paper** I could **borrow**?

□ ❷ Could you **have** a **look** at **this device**?

□ ❸ The **poem** was **written** in the **14th**, **15th** or **16th century**.

□ ❹ It's **more popular** than the **theme park** and **less** than the **sports park**.

□ ❺ It's **actually** on **Thursday** that we **see** the **most people**.

□ ❻ Is that the **apartment next** to her **old house**?

□ ❼ The **34** will **go** to the **high school**.

□ ❽ **That comes** to **$6 (six dollars)** in **total**, **including** the **toothpaste**.

□ ❾ **How** about the **white** one?

Step3
Let's Speak!

これから質問を聞きます。各質問のあとにポーズがあります。ポーズのあいだに，質問に対する応答として最も適切なものを1つ選んで読み上げましょう。ポーズのあとに解答が流れるので，続けて発音しましょう。

☐ (1)

① A pair of students are sitting beneath a tree.

② All the children gather around the tree.

③ Someone is pushing the girl on the swing.

④ Students are coming out of their lessons.

☐ (2)

① I don't think this is true for everyone.

② I think that young people study very hard.

③ There are many young people who study until they are 20.

④ Young people have many different memories.

☐ (3)

① I'd like to get a good job after college.

② I'll leave high school in two years.

③ I'd like to hit a home run in a baseball game.

④ I'll need to study hard for my exams.

ここまでで答え合わせ！ ：解答冊子 p.85

Training

🔊 Let's Speak! の解答を，音声に続けて2回ずつ声に出してみましょう。発音できたら，チェックボックス（☐）にチェック（✓）を入れましょう。

Lesson 10

Lesson 11
文のイントネーション

➡️音声はこちらから

Goal!

☐ 英語の「文のイントネーション」がわかる

Listen!

対話に続く女の子の応答として，最も適切なものはどれでしょうか。

① I don't think so.

② I'm glad to hear that.

③ Yes, I play it every Sunday.

④ What is your hobby?

（Memo）

次のページで解答と音声ポイントをチェック！

③

スクリプト	和訳
M: Which soccer team do you like?	M：どのサッカーチームが好き？
W: I don't watch soccer so much. I like to play it.	W：サッカーはあまり見ないの。サッカーをするのは好きよ。
M: <u>You play soccer?</u>	M：サッカーをするの？

映像

🔊 Sound Focus 文のイントネーションに注意！

　You play soccer. と You play soccer? を聞き比べるとはっきりわかると思いますが，前者が文の最後で音程が下がる「下げ調子」で発音されるのに対し，後者は「上げ調子」で発音されます。You play soccer. のような普通の文や Play soccer. のような命令文は下げ調子のイントネーションとなります。一方，Do you play soccer? のような Yes / No 疑問文は上げ調子ですが，what や when などの疑問詞を使った疑問文は，アメリカ英語では，通常は下げ調子のイントネーションとなるので要注意です。なお，今回の問題の You play soccer? のように，普通の文を上げ調子で言って相手に疑問を投げかけることもよくあります。その場合，驚きの気持ちが含まれていることが多いです。

Training
🎧 文のイントネーションに注意しながら聞いてみましょう。
- ☐ ❶ You play <u>soccer.</u> ↘
- ☐ ❷ You play <u>soccer?</u> ↗
- ☐ ❸ Which soccer team do you <u>like?</u> ↘
- ☐ ❹ Do you often watch soccer in the <u>stadium?</u> ↗

🗨 音声に続けて，❶～❹の文を**文のイントネーション**に注意しながら２回ずつ声に出してみましょう。発音できたら，チェックボックス（☐）にチェック（✓）を入れましょう。

音声

Step1 練習問題

対話を聞き，質問の答えとして最も適切なものを1つ選びましょう。

(1) What would the boy probably say next?

① My parents are going to pay.

② Probably some T-shirts and short pants.

③ We're just going to the mall.

④ Yes, I hope I get some time off.

(2) What does the boy mean?

① He doesn't know Sam well.

② He doesn't want to celebrate Sam's birthday.

③ He will go to basketball practice.

④ He will go to the restaurant.

(3) What does the boy think?

① The girl won't work with computers.

② The girl likes to work with computers.

③ The girl is not good enough to be a programmer.

④ The girl wants the boy to be a programmer.

■■■■■■■■■■■■ ここまでで答え合わせ！ ：解答冊子 p.87

Lesson 11

Training

🎧 音声を聞いて，**文のイントネーション**のパターンを （↗）（↘）（↘↗）のいずれかで答えましょう。

☐ (1) What are you going to get? (   )

☐ (2) Well, if it's Sam's birthday.... (   )

☐ (3) You still want to work with computers, (   ) don't you? (   )

👉**文のイントネーション**に注意しながら，音声に続けて，上の(1)〜(3)の文を2回ずつ声に出してみましょう。発音できたら，チェックボックス（☐）にチェック（✓）を入れましょう。

83

Step2 実戦問題

1 4つの英文を聞き，写真の内容に最も合っているものを1つ選びましょう。

(1)

①   ②   ③   ④

(2)

①   ②   ③   ④

(3)

①   ②   ③   ④

2 対話を聞き，質問の答えとして最も適切なものを1つ選びましょう。

(1) Which of the following is the man's final order?

① 　　② 　　③

(2) Which of the following timetables is correct for this week?

①

	...	**Thursday**	**Friday**
1	...	Science	Math
2	...	History	PE
3	...	PE	PE
4	...	French	Science
(**Lunch**)			
5	...	Geography	History
6	...	Math	Homeroom

②

	...	**Thursday**	**Friday**
1	...	Science	Math
2	...	History	PE
3	...	English	English
4	...	French	Science
(**Lunch**)			
5	...	Geography	History
6	...	Math	Homeroom

③

	...	**Thursday**	**Friday**
1	...	Science	Math
2	...	History	PE
3	...	English	PE
4	...	French	Science
(**Lunch**)			
5	...	Geography	History
6	...	Math	Homeroom

Lesson 11

(3) Which of the following calendars is correct?

①

Sun	Mon	Tue	Wed	Thu	Fri	Sat
1	2	3	4	5	6	7 ⚽
8	9	10	11	12	13	14 ⚽
15	16	17	18	19	20	21
22	23	24	25	26	27	28 ⚽
29	30	31				

②

Sun	Mon	Tue	Wed	Thu	Fri	Sat
1	2	3	4	5	6	7 ⚽
8	9	10	11	12	13	14
15	16	17	18	19	20	21 ⚽
22	23	24	25	26	27	28 ⚽
29	30	31				

③

Sun	Mon	Tue	Wed	Thu	Fri	Sat
1	2	3	4	5	6	7 ⚽
8	9	10	11	12	13	14 ⚽
15	16	17	18	19	20	21
22	23	24	25	26	27	28 ⚽
29	30	31				

3 放送を聞き，質問の答えとして最も適切なものを1つずつ選びましょう。

(1)

Q1. Which classes will visit the castle in the afternoon?

① Classes 1 and 2.

② Classes 1 and 3.

③ Classes 2 and 4.

④ Classes 3 and 4.

Q2. Which of the following statements is true?

① Class 2 will eat early.

② Class 4 will eat later.

③ Students 1-80 will eat first.

④ There are around 80 students.

(2)

Q1. Up to how many students are there to each shower?

① One.

② Two.

③ Four.

④ Eight.

Q2. What time will the Lincoln High School students have breakfast?

① At 6:00.

② At 6:30.

③ At 7:00.

④ At 7:15.

(3)

Q1. What time will the TV arrive by?

① By 2 pm.

② By 3 pm.

③ By 4 pm.

④ By 5 pm.

Q2. In what case do you need to call him back?

① As soon as you comply with fire regulations.

② As soon as you hear the message.

③ When you need to leave home at around 6 pm.

④ When you only have 150 centimeters space for the TV.

■ ■ ■ ■ ■ ■ ■ ■ ■ ■ ■ ■ ■ | ここまでで答え合わせ！ ：解答冊子 p.90 ▶

Training

🔊 以下の文を，**文のイントネーション**に注意しながら，音声に続けて2回ずつ声に出してみましょう。発音できたら，チェックボックス（☐）にチェック（✓）を入れましょう。

☐ ❶ They are waiting for the <u>bus</u>. ↘

☐ ❷ Does Josh have a soccer game on the <u>7th</u>? ↗

☐ ❸ <u>Excuse</u> me? ↗ You lost my <u>book</u>? ↗

☐ ❹ If there are any <u>issues</u>, ↘↗ please call me as soon as you <u>can</u>. ↘

☐ ❺ We don't have PE this <u>Thursday</u>, ↘ <u>do</u> we? ↘

☐ ❻ Would you like <u>pizza</u> ↗ or <u>pasta</u>? ↘

☐ ❼ Mrs. Brown will go to the museum in the <u>morning</u> ↗ and to the castle in the <u>afternoon</u>. ↘

☐ ❽ I'll have <u>bacon</u>, ↗ a slice of <u>toast</u> ↗ and <u>coffee</u>, please ↘.

☐ ❾ Our basic rooms have four beds and a bathroom with a <u>shower</u> ↗, a <u>sink</u> ↗ and a <u>toilet</u>. ↘

Lesson 11

$Step^3$
Let's Speak!

これから質問を聞きます。各質問のあとにポーズがあります。ポーズのあいだに、質問に対する応答として最も適切なものを1つ選んで読み上げましょう。ポーズのあとに解答が流れるので、続けて発音しましょう。

☐ (1)

① If we ride a bicycle to school, we will reduce CO_2 emissions a little.

② Many people believe the temperature is rising.

③ Students around the world are working hard.

④ We can do something to protect it.

☐ (2)

① The global temperature has been recorded since the 19th century.

② There are several ways we can stop global warming.

③ What do you think about global warming?

④ You don't think we need to worry about global warming?

☐ (3)

① Buying things online is easy, isn't it?

② I think that online shopping is popular now.

③ Many people enjoy shopping in town centers.

④ You mean that people will stop going to shops, right?

■■■■■■■■■■■■■■ ここまでで答え合わせ！ ：解答冊子 p.97

Training

🔊 Let's Speak! の解答を、音声に続けて2回ずつ声に出してみましょう。発音できたら、チェックボックス（☐）にチェック（✓）を入れましょう。

88

Lesson 12
まとめ②

➡音声はこちらから

Goal!

☐ Lesson 7 〜 Lesson 11 のポイントを定着させる

Listen!

ここまでのレッスンの復習です。各レッスンで学んだポイントを思い出しながら，音声に続けて発音してみましょう。

Lesson 7　つながる音

❶ take out　　　❷ instead of　　　❸ look after　　　❹ stand up

Lesson 8　変身する音

❶ would you（ドゥ＋ユ → ヂュ）　　　❷ could you（ドゥ＋ユ → ヂュ）

❸ meet you（トゥ＋ユ → チュ）　　　❹ send you（ドゥ＋ユ → ヂュ）

Lesson 9　脱落する音

❶ nex(t) door　　❷ a ho(t) day　　❸ a goo(d) day　　❹ ho(t) tea

Lesson 10　文の強弱リズム

❶ Do you **live** in a **house** or an **apartment**?

❷ **Where** do you **live** in **Japan**?

❸ It is in the **north** of **Japan**.

❹ In the **winter**, it **snows** a **lot**.

Lesson 11　文のイントネーション

❶ You play soccer. ↘

❷ You play soccer? ↗

❸ Which soccer team do you like? ↘

❹ Do you often watch soccer in the stadium? ↗

次のページからまとめ問題に挑戦！

実戦問題

1 まず 1 つの英文が読まれます。そのあとに読まれる 3 つの英文のうち，最初に読まれた英文への応答として最も適切なものを 1 つ選びましょう。

(1)

① ② ③

(2)

① ② ③

(3)

① ② ③

2 対話を聞き，その続きとして適切なものを 1 つ選びましょう。

(1)

① There isn't enough time.

② We've still got five minutes.

③ What time do you usually go out?

(2)

① Here are my passport and my tickets.

② I'll send you a text.

③ You can use my phone.

(3)

① I have the tickets.

② It's around midnight.

③ It's the last one.

3 対話と質問を聞き，その答えとして最も適切なものを 1 つ選びましょう。

(1)

① Book a ticket for the woman.

② Cancel his ticket.

③ Get a ticket from the woman.

④ Look for a ticket on the Internet.

(2)

   ① A Chinese restaurant.

   ② An Indian restaurant.

   ③ An Italian restaurant.

   ④ A Spanish restaurant.

(3)

   ① Do homework after lunch time.

   ② Have lunch with the girl.

   ③ Practice soccer before lunch.

   ④ Study during lunch time.

4 放送を聞き，質問に答えましょう。

質問：表の(1)～(4)に当てはまる価格はどれですか。①～⑥から選んで答えましょう。

Destination	Type	Charge (per person)
Visitor Center	Tour	(1)
	Tour + shuttle	(2)
Factory	Tour	(3)
	Tour + shuttle	(4)

① $10   ② $15   ③ $25   ④ $35   ⑤ $45   ⑥ $55

Lesson 12

$Step^2$ Let's Speak!

1 これから質問を聞きます。各質問のあとにポーズがあります。ポーズのあいだに，質問に対する応答として最も適切なものを1つ選んで読み上げましょう。ポーズのあとに解答が流れるので，続けて発音しましょう。

☐ (1)

① I love reading books and I want to read many in the future.

② I'm sure that many people will enjoy reading and writing books in the future.

③ I think people will always enjoy reading.

④ I think some people will read e-books, while others will still read paper books.

☐ (2)

① I believe that children should get more exercise in the future.

② I don't think that children play games too much.

③ I think there are a lot of games which should not be sold to small children.

④ Some children will not learn to write well if they use a computer too much.

☐ (3)

① I think people eat too much food from convenience stores.

② I try to eat less fast food and more organic food if I can.

③ Japan needs to grow more of its own food.

④ Traditional Japanese food is one of the healthiest in the world.

2 あなたは，大学生にインタビューをすることになりました。以下の流れにしたがって，インタビューをしてみましょう。

1. インタビューで質問する項目は，次の3つです。それぞれの質問項目に対応する英文を，①～⑥の中から選びましょう。

A：行ったことがある国
B：好きな食べもの
C：英語，日本語以外で話せる言語

① Are you interested in other cultures?

② Do you speak any languages other than English or Japanese?

③ Do you like to travel by airplane?

④ What kind of food do you like to eat?

⑤ What is the worst thing about traveling?

⑥ Which countries around the world have you been to?

2．インタビューのモデル音声を聞きましょう。

・1で選んだ質問をするタイミングでアルファベット（A〜C）とチャイム音が流れるので，チャイムのあとで質問を音読してみましょう。

・音読のあと，正解の音声が流れるので，音声に続けて繰り返しましょう。

・繰り返したあと，質問に対する答えが返ってくるので，聞いてみましょう。

Lesson 12

Lesson 13
「ウ」に聞こえる L の音

➡音声はこちらから

Goal!

□ 「ウ」に聞こえる L の音がわかる

Listen!

放送の最終文を聞き取り，各空所に当てはまる語を書きましょう。

This ＿＿＿＿＿＿＿＿ message was written in 1945 and put in a ＿＿＿＿＿＿＿＿ in England.

（Memo）

次のページで解答と音声ポイントをチェック！

miracle, bottle

スクリプト	和訳
Our final report today focuses on an interesting find on a beach in New Zealand. Eight-year-old Lucy Donaldson found something washed up on the beach as she was playing with her family. It turned out to be a message in a bottle, from a little boy far, far away. The surprising thing was not only the distance but the length of time this bottle was in the sea. It floated for almost 80 years and over 10,000 miles. This miracle message was written in 1945 and put in a bottle in England.	本日の最後のレポートは，ニュージーランドのビーチでの興味深い発見に注目します。8歳のルーシー・ドナルドソンは，家族と遊んでいる時に，何かがビーチに打ち上げられているのを見つけました。それは，とても遠くの小さな男の子からの，ボトルに入ったメッセージであることがわかりました。驚きなのは，その距離だけではなく，ボトルが海にあった時間の長さです。それはほぼ80年の間，10,000マイルを浮かんできたのです。その奇跡的なメッセージは1945年に書かれ，イングランドでボトルに入れられたのです。

🔊 Sound Focus 「ウ」に聞こえる L の音に注意！

映像

miracle は聞き取れましたか。カタカナでよく見かける「ミラクル」ですが，英語の miracle の cle は「クル」ではなく「コゥ」のように発音されています。同様に bottle についても，tle は「トォゥ」のような発音になっています。実は，英語の L には，New Zealand, play のような「明るい L」と，miracle, final のように「暗い L」の2種類の発音があるのです。暗い L は「ゥ」のような発音になり，日本語のラ行とは異なるので注意が必要です。

Training

🎧 「ウ」に聞こえる L の音に注意しながら聞いてみましょう。

☐ ❶ miracle（コゥ）　☐ ❷ bottle（トォゥ）　☐ ❸ little（トォゥ）　☐ ❹ final（ノゥ）

🗣 音声に続けて，❶〜❹の単語を「ウ」に聞こえる L の音に注意しながら2回ずつ声に出してみましょう。発音できたら，チェックボックス（☐）にチェック（✓）を入れましょう。

Step1 練習問題

対話を聞き，質問の答えとして最も適切なものを1つ選びましょう。

(1) How can people travel down this road?

① By bus.

② By car or motorbike only.

③ On foot only.

④ On foot or by bicycle.

(2) Which jacket will the woman buy?

① The cotton one.

② The silk one.

③ The wool one.

④ The wool and cotton one.

(3) Which pet does the boy think may be better?

① A bird.

② A cat.

③ A dog.

④ Either a cat or a dog.

■■■■■■■■■■■ ここまでで答え合わせ！ ：解答冊子 p.107 ▶

Training

🎧 音声を聞き，空所に入る語を書きましょう。

☐ (1) The sign only talks about motor _____.

☐ (2) This jacket is made of _____ and cotton.

☐ (3) You need to be very _____ with a cat.

🐢 書き取った箇所の**「ウ」に聞こえるLの音**に注意しながら，音声に続けて，上の(1)～(3)の文を2回ずつ声に出してみましょう。発音できたら，チェックボックス（☐）にチェック（✓）を入れましょう。

実戦問題

1 聞こえてくる英文の内容に最も近いものを1つ選びましょう。

(1)

① The man doesn't want ice cream.

② The man will have a single.

③ The man wants a double.

④ The man will choose a triple.

(2)

① A cheese and ham pizza is the best choice.

② A tuna and cheese pizza is the most popular.

③ The speaker will get a cheese pizza.

④ The speaker won't choose a ham and pineapple pizza.

(3)

① Jim was playing soccer with the speaker.

② Jim wanted to talk to the speaker.

③ The speaker was watching Jim play soccer.

④ The speaker was watching soccer together with Jim.

2 対話と質問を聞き，その答えとして最も適切なものを1つ選びましょう。

(1) 花瓶の置き場所について相談しています。

(2) 病院で症状を伝えています。

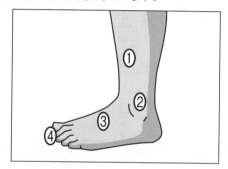

(3) 家の前で話しています。

Lesson 13

3 放送を聞き，質問の答えとして最も適切なものを1つ選びましょう。

(1) Where does the man want to go today?

 ① The castle.

 ② The castle first, then the temple.

 ③ The temple.

 ④ The temple first, then the castle.

(2) How can we imagine the war ended from this dialogue?

 ① It was a dream.

 ② The blue army won.

 ③ The red army won.

 ④ The two armies lost the war.

(3) What will the woman eat?

 ① A blueberry and apple pancake.

 ② A blueberry pancake with cream.

 ③ A blueberry pancake with syrup.

 ④ An apple pancake with syrup.

ここまでで答え合わせ！ ：解答冊子 p.109

Training

🔊 下線部の「ウ」に聞こえる L の音に注意しながら，音声に続けて，以下の文を2回ずつ声に出してみましょう。発音できたら，チェックボックス（□）にチェック（✓）を入れましょう。

□ ❶ I don't need the dou<u>ble</u>.（ボゥ）

□ ❷ I'm not keen on pineap<u>ple</u>.（ポゥ）

□ ❸ I suddenly got a <u>call</u> from Jim.（コゥ）

□ ❹ Let's put it on the ta<u>ble</u> in the mi<u>ddle</u>.（ボゥ，ドォゥ）

□ ❺ Isn't it near your an<u>kle</u>?（コゥ）

□ ❻ Why don't you <u>pull</u> back the curtain before we go?（ポゥ）

□ ❼ The tem<u>ple</u> is near the ho<u>tel</u>.（ポゥ，テゥ）

□ ❽ Until the fi<u>nal</u> ba<u>ttle</u>, it went badly for the blue army.（ノゥ，トォゥ）

□ ❾ The ap<u>ple</u> pancake is best with ma<u>ple</u> syrup.（ポゥ，ポゥ）

100

音声

Step3 Let's Speak!

これから質問を聞きます。各質問のあとにポーズがあります。ポーズのあいだに，質問に対する応答として最も適切なものを1つ選んで読み上げましょう。ポーズのあとに解答が流れるので，続けて発音しましょう。

☐ (1)

① I think it is one of the biggest problems in the world today.

② I think richer countries should show a good example of fighting it.

③ Richer countries have the most responsibility for this issue.

④ There are many ways that we can solve this problem.

☐ (2)

① Cigarette packs have warnings written on them.

② People should smoke only in the smoking areas.

③ The impact of smoking on health should be taught in school.

④ The number of smokers has been coming down recently.

☐ (3)

① I believe that most people choose to read news online.

② I think people should be able to know where the news is coming from.

③ I'm sure that there are many news channels that people can access.

④ The Internet has a lot of reliable news stories.

ここまでで答え合わせ！ ：解答冊子 p.114

Lesson 13

Training

🍃 Let's Speak! の解答を，音声に続けて2回ずつ声に出してみましょう。発音できたら，チェックボックス（☐）にチェック（✓）を入れましょう。

ラ行に聞こえる T の音

➡️ 音声はこちらから

Listen!

放送の最終文を聞き取り，各空所に当てはまる語を書きましょう。

I wonder if it really is _____ _____.

（Memo）

次のページで解答と音声ポイントをチェック！

better water

スクリプト	和訳
M: There's a convenience store over there. I'm kind of thirsty. Do you want to get something to drink?	M：あそこにコンビニがあるよ。何だかのどがかわいたな。君は何か飲みものを買いたい？
W: Sure, let's see what they have.	W：ええ，何があるか見てみましょう。
M: I just want a bottle of water. Can you see any?	M：僕は水でいいかな。置いてあるかな？
W: Look! Over here! You have two choices. This one is one dollar and that one is two dollars.	W：見て！ ここにあるわ！ 2種類から選べるわよ。これは1ドルで，それは2ドルね。
M: Two dollars? Why so expensive?	M：2ドル？ 何でそんなに高いの？
W: It's spring water from the local mountains.	W：これは近くの山の湧き水なのよ。
M: Okay, I'll try it.	M：そうか，それにしてみよう。
W: Two dollars is a lot. I wonder if it really is better water.	W：2ドルって高いわ。本当にもっといい水なのかしらね。

🔊 Sound Focus　ラ行に聞こえるＴの音に注意！

映像

　betterやwaterが「ベラー」「ゥワラー」のように発音されたので，多くの人が苦戦したのではないでしょうか。これはアメリカ英語発音でよく起こる現象ですが，/t/ は日本語のラ行に近い音に変化する場合があります。Get on the bus. の get on の部分が「ゲロン」，Not at all. が「ナラローゥ」と発音されるのも，同じ現象です。アメリカ英語の聞き取りを攻略したい人は，できるだけ音真似をして発音練習をしてみましょう。

Training
🎧 ラ行に聞こえるＴの音に注意しながら聞いてみましょう。
- [ ] ❶ better（ベラー）
- [ ] ❷ water（ゥワラー）
- [ ] ❸ get on（ゲロン）
- [ ] ❹ not at all（ナラローゥ）

🗣 音声に続けて，❶～❹の表現をラ行に聞こえるＴの音に注意しながら2回ずつ声に出してみましょう。発音できたら，チェックボックス（☐）にチェック（✓）を入れましょう。

Step1 練習問題

対話を聞き，質問の答えとして最も適切なものを1つ選びましょう。

(1) What did the woman ask the man about?

① Her plan.

② Her problem.

③ His plan.

④ His problem.

(2) What are they talking about?

① The character in a movie.

② The place of a shop.

③ The rule of a card game.

④ The title of a book.

(3) What is the speed limit on this road?

① 40.

② 50.

③ 60.

④ 70.

ここまでで答え合わせ！ ：解答冊子 p.117

Training

🎧 音声を聞き，空所に入る語を書きましょう。

☐(1) What's the _____?

☐(2) What's the _____ of that book you were reading?

☐(3) Isn't it _____?

🔊 書き取った箇所の**ラ行に聞こえるTの音**に注意しながら，音声に続けて，上の
(1)〜(3)の文を2回ずつ声に出してみましょう。発音できたら，チェックボックス
（☐）にチェック（✓）を入れましょう。

Lesson 14

実戦問題

1 3つの英文を聞き，写真の内容に最も合っているものを1つ選びましょう。

(1)

①   ②   ③

(2)

①   ②   ③

(3)

①   ②   ③

2 対話を聞き，質問の答えとして最も適切なものを1つ選びましょう。

(1) Where is the man now?

① 　② 　③

(2) What time is today's party?

①

6:00

②

6:30

③

8:00

(3) Where will the man go next?

① 　②　③

Lesson 14

3 対話と質問を聞き，その答えとして最も適切なものを 1 つ選びましょう。

(1)

① Find some other batteries.

② Try to fix the remote control.

③ Turn on the heater.

④ Use the batteries from the woman.

(2)

① Something is wrong with the computer.

② The Internet is not working well.

③ The pizza shop doesn't have a web site.

④ The woman can't find her tablet.

(3)

① It's going to be colder.

② It's going to be hotter.

③ It's going to rain heavily later.

④ It's going to stop raining soon.

■■■■■■■■■■■■■ ここまでで答え合わせ！ ：解答冊子 p.119 ➤

Training

🔊 下線部の**ラ行に聞こえる T の音**に注意しながら，音声に続けて，以下の文を 2 回ずつ声に出してみましょう。発音できたら，チェックボックス（□）にチェック（✓）を入れましょう。

☐ ❶ The boy is hitting the ball hard.（ヒリング）

☐ ❷ He's playing with his daughter.（ドーラー）

☐ ❸ The waiter is serving some coffee.（ウェイラー）

☐ ❹ Are you in the city now?（スィリィ）

☐ ❺ Maria's party is at six thirty.（パーリィ，サーリィ）

☐ ❻ I just need to get some milk and butter.（バラー）

☐ ❼ Maybe it's the batteries.（バレリーズ）

☐ ❽ The computer is not working so well.（カンピューラー）

☐ ❾ The rain is getting lighter.（ゲリング ライラー）

Step3
Let's Speak!

これから質問を聞きます。各質問のあとにポーズがあります。ポーズのあいだに，質問に対する応答として最も適切なものを１つ選んで読み上げましょう。ポーズのあとに解答が流れるので，続けて発音しましょう。

☐ (1)

① Cars in the future will probably be able to fly.

② I believe that we need to drive more carefully in the future.

③ I think we should all drive from 20 years old.

④ If the cars have electric motors, I think people should drive them.

☐ (2)

① I dislike working part-time.

② I have been doing my job for five years now.

③ I like helping students to learn new things.

④ The worst thing is sitting down all day.

☐ (3)

① I think my parents are too strict with my homework.

② My mother is often angry when my room is dirty.

③ My parents both have jobs and they work late.

④ When my father's car is dirty, I sometimes wash it.

■■■■■■■■■■■■ ここまでで答え合わせ！ ：解答冊子 p.124 ➡

Training

🔊 Let's Speak! の解答を，音声に続けて２回ずつ声に出してみましょう。発音できたら，チェックボックス（☐）にチェック（✓）を入れましょう。

Lesson 14

Lesson 15
母音のかたまり

➡音声はこちらから

Goal!

- ☐ 英語の「母音のかたまり」がわかる

Listen!

これから必要なのはどれですか。

①

②

③

④

次のページで解答と音声ポイントをチェック！

④

スクリプト	和訳
Hi, Mom. I'm coming home from the festival with Haruka now. Japanese festivals are so fun! I played a lot of games and I won some prizes. First, I threw some large rings to catch a prize. I won a ball and some candy. Next, I tried to catch a fish using just paper. It was so hard, but I got one. But I didn't get a bowl, just a bag. Do we have a bowl at home? See you soon.	やあ，お母さん。今，ハルカと一緒にお祭りから帰って来るところよ。日本のお祭りはとても楽しいわ！　私はたくさんゲームをして，いくつか景品を勝ち取ったわ。まず，景品を取るために大きな輪っかをいくつか投げたの。ボール1個とキャンディをゲットしたわ。次に，紙だけを使って魚を捕ろうとしたわ。とても難しかったけど，1匹捕まえたわ。だけど，私は金魚鉢はもらえなくて，ただのバッグをもらったの。家に金魚鉢はあるかな？　じゃあね。

🔊 Sound Focus　母音のかたまりに注意！

映像

bowl の ow の部分は「オ」を強く長めに発音し，すぐに口を丸めて，なめらかに小さい「ゥ」を添えてみましょう。ball の a の部分の「オー」のようにやや長めに発音する音とは異なるので，注意する必要があります。つづりは違いますが，goal や coat，home や only もこの「オゥ」の音です。同様に，game や make の a は「エー」ではなく「エィ」のような母音のかたまりです。

Training

🎧 下線部の**母音**に注意しながら聞き比べてみましょう。

☐ ❶ ball ／ bowl （オー／オゥ）　　☐ ❷ caught ／ coat （オー／オゥ）
☐ ❸ get ／ gate （エ／エィ）　　☐ ❹ mark ／ make （ア r ／エィ）

🗣 音声に続けて，❶〜❹の単語を**母音**に注意しながら2回ずつ声に出してみましょう。発音できたら，チェックボックス（☐）にチェック（✓）を入れましょう。

練習問題

対話を聞き，質問の答えとして最も適切なものを1つ選びましょう。

(1) How many boxes of cookies will they buy in total?

① One.

② Two.

③ Four.

④ Eight.

(2) How is the weather at their grandmother's house today?

① Sunny.

② Rainy.

③ Warm.

④ Cold.

(3) What do they need to check?

① How far it is to the coast.

② What to take to the coast.

③ How much it is to go to the mountains.

④ When is the best time to go to the mountains.

ここまでで答え合わせ！ ：解答冊子 p.126

Training

🎧 音声を聞き，空所に入る語を書きましょう。

□ (1) Which _____ does our plane leave from?

□ (2) She _____ earlier today and said it was warm.

□ (3) Let's go to the mountains rather than the _____.

🗨 書き取った箇所の**母音**に注意しながら，音声に続けて，上の(1)〜(3)の文を2回ずつ声に出してみましょう。発音できたら，チェックボックス（□）にチェック（✓）を入れましょう。

Lesson 15

Step2
実戦問題

1 聞こえてくる英文の内容に最も近いものを1つ選びましょう。

(1) ①

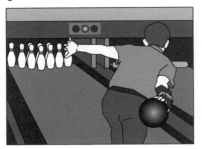

②

③

④

(2) ①

②

③

④

(3) ①

②

③

④

2 まず対話が放送されます。そのあとに読まれる 3 つの英文のうち，対話に続くものとして最も適切なものを 1 つ選びましょう。

(1)

① ② ③

(2)

① ② ③

(3)

① ② ③

3 放送を聞き，質問の答えとして最も適切なものを1つずつ選びましょう。

(1)

Q1. What is the main topic of the talk?

① Basic information about the national economy.

② Several ways to improve your test score.

③ The low pass rate for the economics course.

④ Two departments at the university.

Q2. When will you take the interview test?

① After you passed the examination.

② If you don't pass the examination.

③ Before you come to the talk.

④ When you come to the talk.

(2)

Q1. What part of the lake has the most garbage?

① The central part.

② The eastern part.

③ The southern part.

④ The western part.

Q2. How will people get to the garbage?

① They will go into the lake with boots.

② They will ride in a boat.

③ They will use special tools.

④ They will wear some special clothes.

(3)

Q1. What did the speaker wear for the party?

① A police officer's uniform.

② A Santa Claus suit.

③ Dancing clothes.

④ Regular clothes.

Q2. How did the speaker's friend react?

① She let the speaker change his clothes.

② She let the speaker wear her costume.

③ She was angry because the speaker was late.

④ She was surprised that the speaker wore regular clothes.

ここまでで答え合わせ！ ：解答冊子 p.128

Training

🗣 下線部の**母音**に注意しながら，音声に続けて，以下の文を2回ずつ声に出してみましょう。発音できたら，チェックボックス（☐）にチェック（✓）を入れましょう。

☐ ❶ There is a sale at the department store. （エィ）
☐ ❷ Some parts of the southern lake area are full of waste. （どちらもエィ）
☐ ❸ The bus is late and they are getting wet. （エィ，エ）
☐ ❹ Don't get too close to the edge. （どちらもエ）
☐ ❺ I sent a letter today. （どちらもエ）
☐ ❻ She let me change into my regular clothes. （オゥ）
☐ ❼ They are playing with a ball. （オー）
☐ ❽ Are you interested in the law or economics departments? （オー）
☐ ❾ There is a fork in the road. （オｒ，オゥ）

Step3 Let's Speak!

これから質問を聞きます。各質問のあとにポーズがあります。ポーズのあいだに，質問に対する応答として最も適切なものを1つ選んで読み上げましょう。ポーズのあとに解答が流れるので，続けて発音しましょう。

☐ (1)

① He's coming home from school on foot.
② He's going to school with some friends.
③ He's taking a day off.
④ He's walking to school on his own.

□ (2)

① All animals are different and that is interesting.

② I want to learn about many different animals.

③ I'm interested in how animals like dogs communicate.

④ I've always liked polar bears because they are beautiful.

□ (3)

① I don't know much about food in foreign countries.

② I would like them to try raw fish.

③ There are many different kinds of food in Japan.

④ There is a row of four restaurants near my house.

■ ■ ■ ■ ■ ■ ■ ■ ■ ■ ■ ここまでで答え合わせ！ ：解答冊子 p.135 ▶

Training

🐦 Let's Speak! の解答を，音声に続けて2回ずつ声に出してみましょう。発音できたら，チェックボックス（□）にチェック（✓）を入れましょう。

Lesson 16
紛らわしい子音

➡音声はこちらから

Goal!
☐ 英語の「紛らわしい子音の違い」がわかる

Listen!

トムはどこに座りますか。

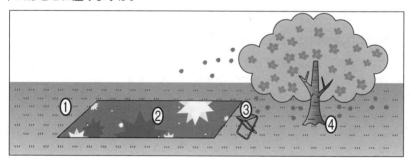

（Memo）

次のページで解答と音声ポイントをチェック！

②

スクリプト	和訳
M : I'm so lucky to visit Japan in cherry blossom season.	M : 桜の季節に日本を訪れるなんて，僕はとてもラッキーだね。
W1: Yes, it's beautiful at this time of year. And we are also lucky that it is a warm day today.	W1: ええ，1年でこの時期は美しいわ。そして今日暖かいのもラッキーね。
M : That's true. Shall we take some photos?	M : そうだね。写真を撮ろうか？
W1: Sure, but let's join the cherry blossom party with my friends first. Look! There they are!	W1: ええ，でもまずは私の友だちとお花見に参加しましょうよ。見て！　あそこにいるわ！
M : Nice to meet you, everybody.	M : みなさん，よろしくね。
W2: Nice to meet you, Tom. Please sit down here, on the sheet.	W2: トム，よろしくね。ここに，シートの上に座って。

Sound Focus　紛らわしい子音に注意！

映像

　英語の sheet も seat もカタカナでは「シート」と表記されますが，英語発音では冒頭の子音 sh と s の音がまったく異なります。sea を発音しようとして she と発音する人も多いのですが，これらは別の単語なので，しっかりと区別して発音することが重要です。「sh と s」のように日本人にとって紛らわしい子音のペアとしては，他にも「v と b」や「th と s」があります。vote（投票する）を boat（ボート），think（考える）を sink（沈む）のように発音しないように注意しましょう。また，英語の「l」や「r」の音が日本語のラ行音にならないようにも気をつけましょう。lock（鍵）と rock（岩），collect（集める）と correct（正す）のペアを正確に発音できるようになれば，これらの子音の聞き分けも楽になります。

　紛らわしい子音の大まかな発音方法は以下の通りです。実際の発音をよく聞き，何度も真似してみることが重要です。

- seat：舌先を上の歯茎に近づけ，その隙間から空気を出す。
- sheet：唇を丸め，舌全体を上あごに近づけて「シュー」と空気を出す。
- think：舌先を上の前歯の裏に軽く当て，その隙間から空気を出す。
- breeze：seat と同様に，舌先を上の歯茎に近づけ，その隙間から空気を出しながら，声を出す。
- breathe：think と同様に，舌先を上の前歯の裏に軽く当て，その隙間から空気を出しながら，声を出す。

120

vote：上の前歯に下唇を軽く当て，その隙間から空気を出しながら，声を出す。
boat：「バ行」の子音に近いが，唇をしっかり閉じて発音する。
lock：舌先を尖らせて上の歯の付け根につけ，舌の両側から声を出す。
rock：舌先を口の中で浮かせて声を出す。唇を少し丸めるとよい。

Training

🎧 紛らわしい子音に注意しながら聞き比べてみましょう。

☐ ❶ sheet ／ seat　　☐ ❷ vote ／ boat　　☐ ❸ think ／ sink　　☐ ❹ lock ／ rock

🗣 音声に続けて，❶〜❹の単語セットを，紛らわしい子音に注意しながら2回ずつ声に出してみましょう。発音できたら，チェックボックス（☐）にチェック（✓）を入れましょう。

Step 1
練習問題

対話を聞き，質問の答えとして最も適切なものを1つ選びましょう。

(1) Who will read the questions in the competition?

① Janet.

② Jim.

③ Lucy.

④ Sue.

(2) What does the girl think about the green shirt?

① It is cheap.

② It is too expensive.

③ It is better than the blue one.

④ The design is good.

(3) What is the problem?

① The bike hit a rock.

② The boy can't find the key.

③ The girl broke her bicycle.

④ The lock is broken.

Lesson 16

ここまでで答え合わせ！　：解答冊子 p.137

Training

🎧 音声を聞き，空所に入る語を書きましょう。

☐ (1) Can you be the question _____?

☐ (2) I don't think that is _____ $60.

☐ (3) I just need to open the _____.

🗣 書き取った箇所の**紛らわしい子音**に注意しながら，音声に続けて，上の(1)〜(3)の文を2回ずつ声に出してみましょう。発音できたら，チェックボックス（☐）にチェック（✓）を入れましょう。

Step2
実戦問題

1 まず1つの英文が読まれます。そのあとに読まれる3つの英文のうち，最初に読まれた英文への応答として最も適切なものを1つ選びましょう。

(1)

   ①   ②   ③

(2)

   ①   ②   ③

(3)

   ①   ②   ③

2 対話と質問を聞き，その答えとして最も適切なものを1つ選びましょう。

(1) マンションの前にある庭について話しています。

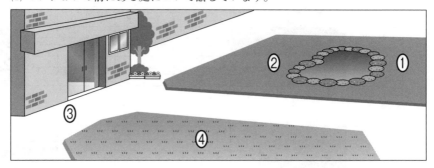

(2) 職場での服装について話しています。

①

②

③

④

Lesson 16

(3) ハイキングコースについて話しています。

①

	1	2	3	4	5	6	7	8	9	10	11	12
Carlton Pass	■	■	■	■	←						→	■
Walker's Path	■	■	←								→	■

②

	1	2	3	4	5	6	7	8	9	10	11	12
Carlton Pass	■	■	■	←						→	■	■
Walker's Path	■	←									→	■

③

	1	2	3	4	5	6	7	8	9	10	11	12
Carlton Pass	■	■	←									→
Walker's Path	■	■	←							→	■	■

④

	1	2	3	4	5	6	7	8	9	10	11	12
Carlton Pass	■	←									→	■
Walker's Path	■	■	■	←						→	■	■

3 英文と質問を聞き，その答えとして最も適切なものを1つ選びましょう。

(1)

① Friday.

② Saturday.

③ Sunday.

④ Monday.

(2)

① Accessories.

② Clothing.

③ Food.

④ Shoes.

(3)

① They are frozen on the boat.

② They are cut up for a restaurant.

③ They are kept alive until they get to port.

④ They are usually eaten as soon as they are caught.

ここまでで答え合わせ！：解答冊子 p.139

Training

🔊 下線部の**紛らわしい子音**に注意しながら，音声に続けて，以下の文を2回ずつ声に出してみましょう。発音できたら，チェックボックス（☐）にチェック（✓）を入れましょう。

☐ ❶ What happened to your mouth? （× mouse）

☐ ❷ The Walker's Path closes for December and January. （× Pass）

☐ ❸ Will she come on vacation this year?

☐ ❹ Most people think only a jacket and tie is the best. （× vest）

☐ ❺ He often works until closing time at 8 pm. （× clothing）

☐ ❻ Your essay is a little long. （× wrong）

☐ ❼ I think it's better on the grass. （× glass）

☐ ❽ She usually corrects the diaries on Saturday. （× collect）

☐ ❾ When the boat arrives back in port, the fish are taken to local restaurants.

（× alive）

Let's Speak!

これから質問を聞きます。各質問のあとにポーズがあります。ポーズのあいだに，質問に対する応答として最も適切なものを1つ選んで読み上げましょう。ポーズのあとに解答が流れるので，続けて発音しましょう。

☐ (1)

① I think people should be able to sail a boat from this age.

② I think sixteen may be a little young to vote.

③ People in Japan can drive from eighteen years old.

④ Young people have many chances to do things while they are at school.

☐ (2)

① I don't think a station is a good place for children to play.

② I think we need to have more stations.

③ Having more places to play will improve the health of everybody.

④ Yes, because it's important to respect each other's religions and cultures.

☐ (3)

① Asking some students to sing before class is not a great idea as many will be too shy.

② Having so many classes a day will not help students to learn.

③ I think many students start school too early.

④ It's a good idea as reading books will lead to higher concentration.

■■■■■■■■■■■■ ここまでで答え合わせ！ ：解答冊子 p.144

Training

🔊 Let's Speak! の解答を，音声に続けて2回ずつ声に出してみましょう。発音できたら，チェックボックス（☐）にチェック（✓）を入れましょう。

Lesson 17
紛らわしい母音

→音声はこちらから

Goal!

□ 英語の「紛らわしい母音の違い」がわかる

Listen!

庭から追い出されたのはどれですか。

①

②

③

④

次のページで解答と音声ポイントをチェック！

127

スクリプト	和訳
M: What are you watching?	M：何を見ているの？
W: Oh, nothing. Just some crazy animal videos on the Internet.	W：ああ，何でもないの。ただ，インターネットで変な動物の動画を見ているの。
M: It must be funny because you keep laughing.	M：おもしろいんだろうね，君はずっと笑ってるから。
W: Why don't you take a look?	W：見る？
M: What's so funny here?	M：何がおもしろいの？
W: Wait! Watch it from here.	W：待って！ ここから見て。
M: Oh, that's so funny! The duck is chasing the dog out of the garden.	M：ああ，とてもおもしろいね！ アヒルが犬を庭から追い立てている。
W: He's a pretty angry duck.	W：とっても怒ったアヒルね。

🔊 Sound Focus　紛らわしい母音に注意！

映像

　特に日本人に難しいのは，duck の /ʌ/ と dog の /ɑː/ という日本語の「あ」の音に似た母音の聞き分けです。/ʌ/ は口を大きく開けすぎず，何かに驚いたように，のどの奥で短めに「アッ」と発音します。一方，/ɑː/ は口を大きく縦に開いて，口の奥から発する「ア」です。「あ」の音に似た母音としてはもう1つ angry の /æ/ もありますが，この音は口元を横に引いて「エァ」のように発音します。同様に，bath と birth や，sit と seat の区別にも注意が必要です。これらの紛らわしい母音を区別して発音し分けられると，聞き分けもできるようになるので，発音練習を十分に行いましょう。

Training
🎧 紛らわしい母音に注意しながら聞き比べてみましょう。

☐ ❶ duck ／ dog　(/ʌ/ と /ɑː/)　　　☐ ❷ bath ／ birth　(/æ/ と /əːr/)
☐ ❸ hurt ／ heart　(/əːr/ と /ɑːr/)　　☐ ❹ sit ／ seat　(/ɪ/ と /iː/)

🗣 音声に続けて，❶〜❹の単語セットを紛らわしい母音に注意しながら2回ずつ声に出してみましょう。発音できたら，チェックボックス（☐）にチェック（✓）を入れましょう。

Step1 練習問題

対話を聞き，質問の答えとして最も適切なものを1つ選びましょう。

(1) What will they do next?

① They will get a new hat.

② They will go back to the hut.

③ They will go camping.

④ They will see the new hut.

(2) What is the problem?

① Her uncle has a bad foot.

② She doesn't like walking.

③ She has some pain in her toe.

④ The woman injured her ankle.

(3) Where will the guests sit?

① At the neighbors' house.

② On the floor.

③ On the seats.

④ On the seats and the ground.

ここまでで答え合わせ！ ：解答冊子 p.146

Training

🎧 音声を聞き，空所に入る語を書きましょう。

☐ (1) It's back in the _____.

☐ (2) Did you hurt your _____?

☐ (3) I borrowed a couple of _____ from my neighbor.

✍ 書き取った箇所の**紛らわしい母音**に注意しながら，音声に続けて，上の(1)～(3)の文を2回ずつ声に出してみましょう。発音できたら，チェックボックス（☐）にチェック（✓）を入れましょう。

Step2 実戦問題

1 聞こえてくる英文の内容に最も近いものを1つ選びましょう。

(1)

① The speaker is baking a cake.

② The speaker is coaching baseball.

③ The speaker is packing for a holiday.

④ The speaker is painting a picture.

(2)

① The speaker feels hot.

② The speaker wants to enjoy himself.

③ The video wasn't so exciting.

④ The weather has gotten colder.

(3)

① The man is carrying a present.

② The man is holding a baby.

③ The man is taking a bath.

④ The man is with a pregnant woman.

2 対話と質問を聞き，その答えとして最も適切なものを1つ選びましょう。

(1)

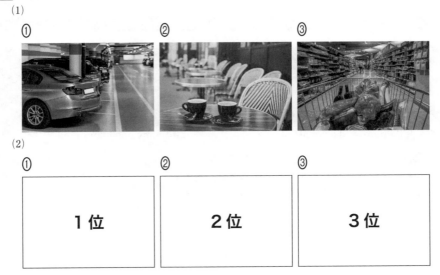

① ② ③

(2)

① ② ③

| 1位 | 2位 | 3位 |

(3)

①   ②   ③

  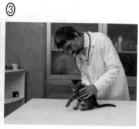

3   対話を聞き，質問の答えとして最も適切なものを1つ選びましょう。

(1) What will the woman do next?

① She will drive the car.

② She will fix the brakes.

③ She will put oil for the engine.

④ She will replace the battery.

(2) What seems to be the problem?

① Someone stole their car.

② The garage door was left open.

③ The weather was very still and calm.

④ The wind made a loud noise.

(3) What did the boy think at first?

① An insect was stuck to the bag.

② Something on the bag was broken.

③ The bag looked a little dirty.

④ The girl's bag was new.

ここまでで答え合わせ！ ：解答冊子 p.148

Training

🔊 下線部の**紛らわしい母音**の発音に注意しながら，音声に続けて，以下の文を 2 回ずつ声に出してみましょう。発音できたら，チェックボックス（□）にチェック（✓）を入れましょう。

- □ ❶ That fan is a great idea. (/æ/ ×fun/ʌ/)
- □ ❷ You were so fast. (/æ/ ×first/ɚːr/)
- □ ❸ I'm just going to pick up my cat first. (/æ/ ×cut/ʌ/)
- □ ❹ We need to add some butter. (/ʌ/ ×batter/æ/)
- □ ❺ There's a bug on your bag. (/ʌ/ ×bag/æ/)
- □ ❻ It's to celebrate the birth of her baby. (/ɚːr/ ×bath/æ/)
- □ ❼ I left my purse. (/ɚːr/ ×pass/æ/)
- □ ❽ We'll fill the engine oil. (/ɪ/ ×feel/iː/)
- □ ❾ Someone was trying to steal our car. (/iː/ ×still/ɪ/)

Step 3
Let's Speak!

これから質問を聞きます。各質問のあとにポーズがあります。ポーズのあいだに，質問に対する応答として最も適切なものを 1 つ選んで読み上げましょう。ポーズのあとに解答が流れるので，続けて発音しましょう。

□ (1)

① He's arriving at school.
② He's changing his shoes.
③ He's coming down the hill.
④ He's running up the hill.

☐ (2)

    ① I like to have fun.

    ② I'm a big fan of rock music.

    ③ It really makes me happy.

    ④ We have music classes every week.

☐ (3)

    ① Kids study as well as play games at home.

    ② Many children contact each other through the Internet.

    ③ Staying at home and not exercising is bad for their hearts.

    ④ Playing outside for a long time can make them too tired to study.

ここまでで答え合わせ！ ：解答冊子 p.153

Training

🔊 Let's Speak! の解答を，音声に続けて2回ずつ声に出してみましょう。発音で
きたら，チェックボックス（☐）にチェック（✓）を入れましょう。

Lesson 17

Lesson 18
まとめ③

➡音声はこちらから

Goal!

□ Lesson 13 ～ Lesson 17 のポイントを定着させる

Listen!

ここまでのレッスンの復習です。各レッスンで学んだポイントを思い出しながら，音声に続けて発音してみましょう。

Lesson 13　「ウ」に聞こえる L の音

❶ miracle（コゥ）　❷ bottle（トォゥ）　❸ little（トォゥ）　❹ final（ノゥ）

Lesson 14　ラ行に聞こえる T の音

❶ better（ベラー）　　　　　❷ water（ゥワラー）
❸ get on（ゲロン）　　　　　❹ not at all（ナラローゥ）

Lesson 15　母音のかたまり

❶ ball ／ bowl（オー／オゥ）　❷ caught ／ coat（オー／オゥ）
❸ get ／ gate（エ／エィ）　　❹ mark ／ make（アr／エィ）

Lesson 16　紛らわしい子音

❶ sheet ／ seat　❷ vote ／ boat　❸ think ／ sink　❹ lock ／ rock

Lesson 17　紛らわしい母音

❶ duck ／ dog（/ʌ/ と /ɑː/）　　❷ bath ／ birth（/æ/ と /əːr/）
❸ hurt ／ heart（/əːr/ と /ɑːr/）　❹ sit ／ seat（/ɪ/ と /iː/）

次のページからまとめ問題に挑戦！

Step1
実戦問題

1 聞こえてくる英文の内容に最も近いものを1つ選びましょう。

(1)

①

②

③

④

(2)

①

②

③

④

(3)

①

②

③

④

2 まず対話が放送されます。そのあとに読まれる3つの英文のうち，対話に続くものとして最も適切なものを1つ選びましょう。

(1)

　① 　　② 　　③

(2)

　① 　　② 　　③

(3)

　① 　　② 　　③

3 対話と質問を聞き，その答えとして最も適切なものを1つ選びましょう。

(1)

① Call the waiter to help.

② Give the man her camera.

③ Show him how to take a picture in English.

④ Wait for a minute.

(2)

① Eat two blueberry pies.

② Have a blueberry and a peach pie.

③ Join the baseball game.

④ Share a pitcher of juice.

(3)

① Go to the game on her own.

② Help Susan with her work.

③ Play tennis with Susan later.

④ See a tennis match with Susan.

4 放送を聞き，質問に答えましょう。

質問：下記のメモの(1)〜(5)に当てはまる単語を答えましょう。

For the School Fair this year

Last year's activity: a (1)........................

Put your name on the list if: you can play an instrument, (2)........................, dance

or tell (3)........................

Length of each performance: (4)........................ minutes.

Note: No student should get (5)........................

5 放送を聞き，質問の答えとして最も適切なものを1つずつ選びましょう。

Q1. When will the flight leave?

① July 3rd.

② July 13th.

③ July 30th.

Q2. How long does it take from the airport to the sister school?

① Just four or five minutes.

② About forty minutes.

③ More than one hour.

Q3. What will they do at the sister school?

① Check how fast Australian animals can run.

② Sing the school song.

③ Join a science class.

Q4. What will Carlos take photos of?

① His host family.

② Some animals.

③ The science presentation.

Q5. What will Carlos do with his host sister?

① Go up the hill.

② Swim in the sea.

③ Visit the beach.

Step² Let's Speak!

1 これから質問を聞きます。各質問のあとにポーズがあります。ポーズのあいだに，質問に対する応答として最も適切なものを1つ選んで読み上げましょう。ポーズのあとに解答が流れるので，続けて発音しましょう。

☐ (1)

① I think young people are the future of our country.

② Japanese people today use many languages other than English.

③ Most of today's youth is worried about finding jobs for the future.

④ We should use many new technologies in Japan.

□ (2)

　　① I think we should rate our school rules.

　　② I want to change club times so that we don't get home too late.

　　③ The rules are quite difficult to understand.

　　④ When we join a club, there are a lot of rules to follow.

□ (3)

　　① I think we'll have a problem with lack of time for study.

　　② I went camping with friends last summer.

　　③ There is a lot of homework to do at our school.

　　④ We have holidays in winter, spring and summer.

2 あなたは，転校生にインタビューをすることになりました。以下の流れにしたがって，インタビューをしてみましょう。

1．インタビューで質問する項目は，次の3つです。それぞれの質問項目に対応する英文を，①～⑥の中から選びましょう。

　A：自由時間の過ごし方
　B：お気に入りの本
　C：音楽の好み

　　① Do you play a musical instrument?

　　② What do you do in your own time?

　　③ What is the title of your favorite book?

　　④ What kind of music are you a fan of ?

　　⑤ What time do you get up in the morning?

　　⑥ When do you usually have free time?

2．インタビューのモデル音声を聞きましょう。

　・1で選んだ質問をするタイミングでアルファベット（A ～ C）とチャイム音が流れるので，チャイムのあとで質問を音読してみましょう。

　・音読のあと，正解の音声が流れるので，音声に続けて繰り返しましょう。

　・繰り返したあと，質問に対する答えが返ってくるので，聞いてみましょう。

■ 写真出典一覧

Lesson	問題種別	大問	小問	選択肢	出典
1	Step 0 Listen!	-	-	1	monphoto / stock.foto
1	Step 0 Listen!	-	-	2	belchonock / stock.foto
1	Step 0 Listen!	-	-	3	Baiba Opule / stock.foto
1	Step 0 Listen!	-	-	4	olegdudko / stock.foto
1	Step 1 練習問題	-	1	1	utima / stock.foto
1	Step 1 練習問題	-	1	2	Christian Draghici / stock.foto
1	Step 1 練習問題	-	1	3	Anna Kucherova / stock.foto
1	Step 1 練習問題	-	1	4	tashka2000 / stock.foto
1	Step 1 練習問題	-	2	1	Achim Prill / stock.foto
1	Step 1 練習問題	-	2	2	nikkytok / stock.foto
1	Step 1 練習問題	-	2	3	aberration / stock.foto
1	Step 1 練習問題	-	2	4	(作者不明) / stock.foto
1	Step 1 練習問題	-	3	1	cobalt / stock.foto
1	Step 1 練習問題	-	3	2	aquariagirl1970 / stock.foto
1	Step 1 練習問題	-	3	3	almoond / stock.foto
1	Step 1 練習問題	-	3	4	almoond / stock.foto
2	Step 2 実戦問題	1	1	-	puhhha / stock.foto
2	Step 2 実戦問題	1	2	-	Jean-Marie Guyon / stock.foto
2	Step 2 実戦問題	1	3	-	PaylessImages - / stock.foto
3	Step 0 Listen!	-	-	1	Vaclav Volrab / stock.foto
3	Step 0 Listen!	-	-	2	karandaev / stock.foto
3	Step 0 Listen!	-	-	3	Leslie Banks / stock.foto
3	Step 0 Listen!	-	-	4	Galina Starintseva / stock.foto
3	Step 1 練習問題	-	2	1	Ekachai Sathittaweechai / stock.foto
3	Step 1 練習問題	-	2	2	Ekachai Sathittaweechai / stock.foto
3	Step 1 練習問題	-	2	3	Ekachai Sathittaweechai / stock.foto
3	Step 1 練習問題	-	2	4	Ekachai Sathittaweechai / stock.foto
3	Step 2 実戦問題	1	2	1	Jon Helgason / stock.foto
3	Step 2 実戦問題	1	2	2	foodandmore / stock.foto
3	Step 2 実戦問題	1	2	3	jirkaejc / stock.foto
3	Step 2 実戦問題	1	2	4	belchonock / stock.foto
4	Step 1 練習問題	-	2	1	Sutisa Kangvansap / stock.foto
4	Step 1 練習問題	-	2	2	Stuart Miles / stock.foto
4	Step 1 練習問題	-	2	3	lukesg83 / stock.foto
4	Step 1 練習問題	-	2	4	homestudio / stock.foto
6	Step 1 実戦問題	2	1	-	Sergey Skripnikov / stock.foto
6	Step 1 実戦問題	2	2	-	Amy Muschik / stock.foto
6	Step 1 実戦問題	2	3	-	koi88 / stock.foto
8	Step 0 Listen!	-	-	1	Kurhan / stock.foto
8	Step 0 Listen!	-	-	2	Vitaliy Nazarenko / stock.foto
8	Step 0 Listen!	-	-	3	Vladimir Cosic / stock.foto
8	Step 0 Listen!	-	-	4	Marta Holka / stock.foto
8	Step 2 実戦問題	2	1	1	Ruslan Gilmanshin / stock.foto
8	Step 2 実戦問題	2	1	2	a454 / stock.foto
8	Step 2 実戦問題	2	1	3	Bernhard Lelle / stock.foto

Lesson	問題種別	大問	小問	選択肢	出典
8	Step 2 実戦問題	2	3	1	Wasin Pummarin / stock.foto
8	Step 2 実戦問題	2	3	2	hxdyl / stock.foto
8	Step 2 実戦問題	2	3	3	marchcattle / stock.foto
8	Step 2 実戦問題	3	1	-	Olena Kachmar / stock.foto
8	Step 2 実戦問題	3	2	-	Dean Drobot / stock.foto
8	Step 2 実戦問題	3	3	-	Leslie Banks / stock.foto
9	Step 2 実戦問題	2	1	-	Antonio Diaz / stock.foto
9	Step 2 実戦問題	2	2	-	Viacheslav Iakobchuk / stock.foto
9	Step 2 実戦問題	2	3	-	Corn van Oosterhout / stock.foto
11	Step 2 実戦問題	1	1	-	auremar / stock.foto
11	Step 2 実戦問題	1	2	-	Dmytro Panchenko / stock.foto
11	Step 2 実戦問題	1	3	-	??????? ???????? / stock.foto
14	Step 2 実戦問題	1	1	-	mtaira / stock.foto
14	Step 2 実戦問題	1	2	-	famveldman / stock.foto
14	Step 2 実戦問題	1	3	-	Wavebreak Media Ltd / stock.foto
14	Step 2 実戦問題	2	1	1	i3d / stock.foto
14	Step 2 実戦問題	2	1	2	tonobalaguer / stock.foto
14	Step 2 実戦問題	2	1	3	Denise Kappa / stock.foto
14	Step 2 実戦問題	2	3	1	maifly / stock.foto
14	Step 2 実戦問題	2	3	2	David Izquierdo Roger / stock.foto
14	Step 2 実戦問題	2	3	3	(作者不明) / stock.foto
17	Step 2 実戦問題	2	1	1	Roman Babakin / stock.foto
17	Step 2 実戦問題	2	1	2	anyaberkut / stock.foto
17	Step 2 実戦問題	2	1	3	Rudmer Zwerver / stock.foto
17	Step 2 実戦問題	2	3	1	gemenacom / stock.foto
17	Step 2 実戦問題	2	3	2	Tyler Olson / stock.foto
17	Step 2 実戦問題	2	3	3	Serhii Odarchenko / stock.foto
17	Step 3 Let's Speak!	-	1	-	ILYA AKINSHIN / stock.foto
18	Step 1 実戦問題	1	1	1	irynal / stock.foto
18	Step 1 実戦問題	1	1	2	benaung / stock.foto
18	Step 1 実戦問題	1	1	3	Olga Bosnak / stock.foto
18	Step 1 実戦問題	1	1	4	Mornay van Vuuren / stock.foto
18	Step 1 実戦問題	1	2	1	kzenon / stock.foto
18	Step 1 実戦問題	1	2	2	eanne McRight / stock.foto
18	Step 1 実戦問題	1	2	3	Jens Brüggemann / stock.foto
18	Step 1 実戦問題	1	2	4	iakovenko / stock.foto
18	Step 1 実戦問題	1	3	2	Jozef Polc / stock.foto
18	Step 1 実戦問題	1	3	2	Evgeny Atamanenko / stock.foto
18	Step 1 実戦問題	1	3	3	Oleksii Hrecheniuk / stock.foto
18	Step 1 実戦問題	1	3	4	nyul / stock.foto

発音できれば聞き取れる！
リスニング×スピーキングのトレーニング　基礎編

初版第1刷発行 …………	2020年3月10日
初版第3刷発行 …………	2022年12月10日
監修 …………………………	高山芳樹
執筆協力・英文校閲 ……	Adam Ezard
執筆協力 …………………	岡崎恭子
発行人 ……………………	藤井孝昭
発行 ………………………	Ｚ会

〒411-0033　静岡県三島市文教町1-9-11
【販売部門：書籍の乱丁・落丁・返品・交換・注文】
TEL 055-976-9095
【書籍の内容に関するお問い合わせ】
https://www.zkai.co.jp/books/contact/
【ホームページ】
https://www.zkai.co.jp/books/

装丁 ………………………	株式会社 ファームステッド
	阿部岳　木村梨穂
印刷・製本…………………	日経印刷株式会社
DTP ………………………	株式会社 デジタルプレス
音声録音・編集 …………	一般財団法人英語教育協議会（ELEC）

Z-KAI

発音できれば聞き取れる！

リスニング×スピーキングの
トレーニング　基礎編

Spiral Training in Listening and Speaking

［解答解説］

CONTENTS

本書の音声は専用 web ページで聞くことができます。
右記の 2 次元コード，または下記 URL よりご利用ください。
https://service.zkai.co.jp/books/zbooks_data/dlstream?c=2667

Lesson 1 音のかたまりの数

問題冊子 p.7 ／
音声はこちらから➡

Training

🔊 「サ・ラ・ダ」には 3 つの音のかたまりがありますが，sal-ad には音のかたまりが 2 つしかありません。同じように，「キ・ー・ボ・ー・ド」（5 つ）と key-board（2 つ），「チョ・コ・レ・ー・ト」（5 つ）と choc-o-late（3 つ），「ス・マ・ー・ト・フォ・ン」（6 つ）と smart-phone（2 つ）では，それぞれ音のかたまりの数が日本語と英語で異なります。この違いに注意して発音しましょう。

Step1 練習問題

答え
(1) ② (2) ④ (3) ①, ③

解説
(1) ②

🔊 「ボ・ー・カ・ル」（4 つ）と vo-cal(s)（2 つ），「ド・ラ・ム」（3 つ）と drums（1 つ），「ギ・タ・ー」（3 つ）と gui-tar（2 つ），「キ・ー・ボ・ー・ド」（5 つ）と key-board（2 つ）で，それぞれ音のかたまりの数が日本語と英語で異なります。

スクリプト	和訳
W: Wow! Jonny is so cool.	W：わあ！　ジョニーは本当にかっこいい。
M: Is that a picture of your favorite group again? Which one is he? The one on vocals?	M：それはまた君のお気に入りのグループの写真かな？　どれがその人なの？　ボーカルの人？
W: No, the one standing to the right, in front of the drums.	W：いいえ，右側に立っている人よ，ドラムの前にいる。
M: With the guitar?	M：ギターを持っている人？
W: No, he's on the keyboard.	W：いいえ，彼はキーボード担当よ。

　男性の Which one is he? The one on vocals?（どれがその人（＝ジョニー）なの？　ボーカルの人？）という問いに対して，女性は No, the one standing to the right, in front of the drums.（いいえ，右側に立っている人よ，ドラムの前にいる。）と答えています。さらに，With the guitar?（ギターを持っている人？）という男性の問いに対し，No, he's on the keyboard.（いいえ，彼はキーボード担当よ。）と答えているので，ジョニーの担当は②のキーボード。

2

(2) ④

🔊 「ケ・ー・キ」（3つ）と cake（1つ），「チョ・コ・レ・ー・ト」（5つ）と choc-o-late （3つ），「フ・ル・ー・ツ」（4つ）と fruit（1つ），「ス・ト・ロ・ベ・リ・ー」（6つ） と straw-ber-ry（3つ）で，それぞれ音のかたまりの数が日本語と英語で異なります。

スクリプト	和訳
M: What kind of cake do you want for your birthday, Marie?	M：誕生日にどんな種類のケーキが欲しいかな，マリー？
W: I think chocolate cake or fruit cake.	W：チョコレートケーキかフルーツケーキかな。
M: Not strawberry cake?	M：イチゴのケーキではないの？
W: No, I had strawberry cake last year. Let's have a chocolate one this year.	W：いいえ，イチゴのケーキは去年食べたわ。今年はチョコレートケーキにしましょう。

Let's have a chocolate one this year.（今年はチョコレートケーキにしましょう。）という女性の最後の発言より，答えは④。

(3) ①，③

🔊 「ス・マ・ー・ト・フォ・ン」（6つ）と smart-phone(s)（2つ），「タ・ブ・レ・ッ・ト」 （5つ）と tab-let(s)（2つ），「コ・ン・ピュ・ー・タ・ー」（6つ）と com-put-er(s)（3 つ），「ミュ・ー・ジ・ッ・ク・プ・レ・イ・ヤ・ー」（10）と mu-sic play-er(s)（4つ） で，それぞれ音のかたまりの数が日本語と英語で異なります。

スクリプト	和訳
M: Can you take smartphones to school?	M：スマートフォンを学校に持って行っていいの？
W: Sure, but we must keep them in our lockers during class.	W：うん，でも授業中はロッカーに入れておかないといけないよ。
M: How about tablets? Can you use them in class?	M：タブレットは？ 授業中に使える？
W: Tablets and laptop computers are fine, but no music players.	W：タブレットとノートパソコンは使えるけど，音楽プレーヤーはだめなの。

男性の Can you take smartphones to school?（スマートフォンを学校に持って行っていいの？）という質問に対して，女性が Sure, but we must keep them in our lockers during class.（うん，でも授業中はロッカーに入れておかないといけないよ。）と答えているので，スマートフォンは学校に持ち込むことはできますが，授業中に使うことはできません。また，男性の How about tablets? Can you use them in class?（タブレットは？ 授業中に使える？）という質問に対して，女性は Tablets and laptop computers are fine, but no music players.（タブレットとノートパソコンは使えるけど，音楽プレーヤーはだめなの。）と答えています。よって，授業中に使えるのは，①のノートパソコンと③のタブレット。
注 laptop computer：ノートパソコン

3

Training

🔊 音のかたまりの数に注意して発音しましょう。

(1) He's on the key-board.　（× キ・ー・ボ・ー・ド）

(2) Let's have a choc-o-late one this year.　（× チョ・コ・レ・ー・ト）

(3) Tablets and laptop com-put-ers are fine.　（× コ・ン・ピュ・ー・タ・ー）

英文の訳

(1) 彼はキーボード担当です。

(2) 今年はチョコレートのものにしましょう。

(3) タブレットとノートパソコンは大丈夫です。

Step2 実戦問題

答え

1 (1)② (2)② (3)②

2 (1)② (2)③ (3)①

解説

1 (1)②

🔊 「パ・ス・ワ・ー・ド」（5つ）と pass-word（2つ），「イ・ン・タ・ー・ネ・ッ・ト」（7つ）と In-ter-net（3つ）で，それぞれ音のかたまりの数が日本語と英語で異なります。

スクリプト	和訳
Mike, did you change the password? I can't get onto the Internet.	マイク，パスワード変えた？　インターネットにつながらないよ。

選択肢の和訳

① 話し手はパスワードを変える必要があります。

② 話し手はパスワードを知りたいと思っています。

③ マイクはインターネットを使っています。

④ マイクはインターネットを使い終わったところです。

　　パスワードがわからず，インターネットにつながらないと不満を述べているので，答えは②。

(2)②

🔊 「サ・イ・エ・ン・ス」（5つ）と sci-ence（2つ），「ブ・ッ・ク」（3つ）と book（1つ），「バ・ッ・グ」（3つ）と bag（1つ）で，それぞれ音のかたまりの数が日本語と英語で異なります。

スクリプト	和訳
Have you seen my science book? It was here, in my bag with my pencil case.	僕の理科の本を見なかった？　ここに，僕のカバンの中に，筆箱と一緒に入っていたんだけど。

選択肢の和訳

① 話し手は筆箱を失くしました。
② 話し手は本を探しています。
③ 話し手は理科室を見つける必要があります。
④ 話し手は学校用のカバンが欲しいと思っています。

　　Have you seen my science book?（僕の理科の本を見なかった？）とたずねているので，答えは②。

(3) ②

◀ 「ト・レ・イ・ン」（4つ）と train（1つ），「ガ・イ・ド・ブ・ッ・ク」（6つ）と guide-book（2つ）で，それぞれ音のかたまりの数が日本語と英語で異なります。

スクリプト	和訳
Excuse me, where can I find the train for Paris? The guidebook says it will depart in five minutes.	すみません，パリ行きの電車はどこですか？　ガイドブックによるとあと5分で出発するようなのですが。

選択肢の和訳

① 話し手はガイドブックを忘れました。
② 話し手は電車を探しています。
③ 電車は5分前に駅を出発しました。
④ 電車はちょうどパリに到着したところです。

　　電車がどこか聞いているので，答えは②。

2 (1) ②

◀ 「ド・ア」（2つ）と door（1つ）で，音のかたまりの数が日本語と英語で異なります。

スクリプト	和訳
M: Should I put the plant here, under the window? W: No, let's put it near the door. M: Okay, how about over here? W: I think it is better closer to the door, on the steps.	M：この植物はここに，窓の下に置こうか？ W：いいえ，ドアの近くに置きましょう。 M：わかった。このあたりでどう？ W：ドアのもっと近く，階段の上の方がいいと思うわ。

| Question: Where will they put the plant? | 質問：彼らは植物をどこに置きますか。 |

女性の near the door（ドアの近く），on the step（階段の上）という発言に合うのは②。

(2) ③

🔊 「エ・ア・ポ・ー・ト」（5つ）と air-port（2つ），「バ・ス」（2つ）と bus（1つ），「タ・ク・シ・ー」（4つ）と tax-i（2つ），「ト・レ・イ・ン」（4つ）と train（1つ）で，それぞれ音のかたまりの数が日本語と英語で異なります。

スクリプト	和訳
M: Thank you for coming all the way to Barkeley! It must have been hard to travel here today.	M：バークレーまではるばる来てくれてありがとう！　今日ここに来るのは大変だったでしょう。
W: It was easy from the airport, because you picked me up in your car.	W：空港からは楽だったわ。あなたが車で迎えに来てくれたから。
M: How about in Japan? Did you take a bus to the airport?	M：日本ではどうだった？　空港までバスに乗った？
W: I got a taxi to the station, then a train from there.	W：駅までタクシーに乗って，そこから電車に乗ったわ。
Question: How did the woman travel to the man's house?	質問：女性はどのように男性の家に来たか。

女性の It was easy from the airport, because you picked me up in your car.（空港からは楽だったわ。あなたが車で迎えに来てくれたから。）より，空港から車で移動したことがわかる。また，日本での空港までの道のりについて，I got a taxi to the station, then a train from there.（駅までタクシーに乗って，そこから電車に乗ったわ。）と答えているので，タクシー→電車の順で利用して空港まで行ったことがわかる。日本からバークレーの近くの空港までは飛行機に乗ったと考えられるので，答えは③。

(3) ①

🔊 「レ・イ・ン」（3つ）と rain（1つ），「ウ・エ・ッ・ト」（4つ）と wet（1つ），「ド・ラ・イ」（3つ）と dry（1つ）で，それぞれ音のかたまりの数が日本語と英語で異なります。

スクリプト	和訳
W: Why did they move the game?	W：なぜ試合の日程が変わったの？
M: It's going to rain later today, so they moved it to tomorrow.	M：今日はこのあと雨が降りそうだから，明日に変更になったんだ。
W: Is it going to be sunny tomorrow?	W：明日は晴れるの？
M: The forecast says wet in the morning but dry after lunch.	M：天気予報によると，朝は降りそうだけど昼過ぎには晴れるらしいよ。

| Question: Which one of these weather forecasts matches the conversation? | 質問：対話に合う天気予報はどれですか。 |

　男性は It's going to rain later today（今日はこのあと雨が降りそう）と述べ，さらに明日の天気予報について wet in the morning but dry after lunch（朝は降りそうだけど昼過ぎには晴れる）と述べているので，答えは①。天候に関して wet，dry は聞き慣れないかもしれませんが，聞き取れれば文脈から判断できるでしょう。

Training

🔊 問題冊子に示されたように，下線部の音のかたまりの数に注意して発音しましょう。

英文の訳
❶ パスワードを変えましたか。
❷ 私の理科の本を見ましたか。
❸ パリ行きの電車はどこですか。
❹ それをドアの近くに置きましょう。
❺ 駅までタクシーに乗りました。
❻ 今日はこのあと雨が降りそうです。

Step 3
Let's Speak!

答え
(1)② 　(2)③ 　(3)②

解説
(1)②

🔊 sci-ence（×サ・イ・エ・ン・ス）　音のかたまりの数に注意して発音しましょう。

スクリプト	和訳
What's your favorite subject at school?	学校で好きな教科は何ですか。

選択肢の和訳
① 私は数学が好きではありません。
② 理科です。
③ それは 8:30 に始まります。
④ 毎日 6 科目あります。

　好きな教科を聞かれているので，科目名を答えている②が正解。

(2) ③

🔊 bus（× バ・ス）　音のかたまりの数に注意して発音しましょう。

スクリプト	和訳
How do you go to school each day?	毎日どのように学校へ行きますか。
選択肢の和訳	
① 月曜から金曜までです。	
② 雨が降っている時だけです。	
③ 普段はバスです。	
④ 毎週日曜日には学校に行きません。	

　　学校への行き方を聞かれているので，交通手段を答えている③が正解。

(3) ②

🔊 bas-ket-ball（× バ・ス・ケッ・ト・ボ・ー・ル）　音のかたまりの数に注意して発音しましょう。

スクリプト	和訳
What do you usually do in the evening?	普段，夕方には何をしますか。
選択肢の和訳	
① 午前 7 時頃に学校に行きます。	
② 友人とバスケットボールを練習します。	
③ 弟は 11 時頃に寝ます。	
④ 母は普段，夕食を作ります。	

　　夕方に自分がすることを聞かれているので，自分の行動を答えている②が正解。①は朝の行動なので不適切。

Training

🔊 音のかたまりの数に注意して発音しましょう。

(1) It's sci-ence.　（× サ・イ・エ・ン・ス）
(2) Usually by bus.　（× バ・ス）
(3) I practice bas-ket-ball with my friends.　（× バ・ス・ケッ・ト・ボ・ー・ル）

英文の訳

(1) それは理科です。
(2) 普段はバスです。
(3) 友人とバスケットボールを練習します。

8

Training

🔊 ❶ VOL-ley-ball（●•●），❷ FOOT-ball（●•），❸ BAS-ket-ball（●•●），
❹ SOC-cer（●•）のように，すべて最初のかたまりを強くはっきり発音します。
また，❶ VOL-ley-ball（●•●），❸ BAS-ket-ball（●•●）の真ん中のかたまりと，
❹ SOC-cer（●•）の 2 つ目のかたまりは，思い切り力を抜いて弱くあいまいに
発音します。強弱のメリハリをつけることを常に意識して発音しましょう。

Step 1
練習問題

答え
(1)④ (2)④ (3)①

解説

(1)④

🔊 「アメリカ」は a-MER-i-ca（•●••），「カナダ」は CAN-a-da（●••），「オースト
ラリア」は aus-TRAL-ia（•●•），「ニュージーランド」は new ZEA-land（●●•）
と発音されます。それぞれ英語の音の強弱に注意して聞いてみましょう。

スクリプト	和訳
W: Is the new English teacher from America or Canada?	W：新しい英語の先生は，アメリカ出身？ それともカナダ？
M: Neither. The former teacher, Mr. Ellis was from America.	M：どちらでもないよ。前のエリス先生が アメリカ出身だったよね。
W: Oh, right! So, is the new teacher, Ms. Simpson, from Australia?	W：そうだった！ では，新任のシンプソ ン先生はオーストラリア出身？
M: She said New Zealand, near Australia.	M：彼女はニュージーランドで，オースト ラリアの近くだと言っていたよ。

設問文の和訳
シンプソン先生はどこの出身ですか。

選択肢の和訳
① アメリカ。　　② オーストラリア。　　③ カナダ。　　④ ニュージーランド。

　女性の is the new teacher, Ms. Simpson, from Australia?（新任のシンプソン先生はオー
ストラリア出身？）という質問に対して，男性は She said New Zealand（彼女はニュージー
ランドだと言っていたよ）と返答しているので，答えは④。

(2) ④

🔊 「マンション」は MAN-sion（●●），「アパートメント」は a-PART-ment（●●●）
と発音されます。それぞれ英語の音の強弱に注意して聞いてみましょう。

スクリプト	和訳
M: Emma, are you living in a house or mansion in Japan?	M：エマ，君は日本では一戸建てに住んでいるの？　それとも「マンション」？
W: Well, I live in an apartment. You can see it over there.	W：ええと，私はアパートに住んでいるわ。向こうに見えるわよ。
M: Oh, sorry. I've been here too long. Japanese people call that a mansion.	M：ああ，ごめん。僕はここに長く居すぎているんだ。日本の人々はそれをマンションと呼ぶんだ。
W: I guess you'll start using Japanese words more when you live here longer.	W：ここにもっと長く住んだら日本の言葉をもっと使い始めるでしょうね。

設問文の和訳

エマはどこに住んでいると言っていますか。

選択肢の和訳

① 別の建物に。　② 一戸建ての家に。　③ 大邸宅に。　④ アパートに。

　Emma と呼びかけられた女性は，I live in an apartment（わたしはアパートに住んでいるわ）と答えているので，答えは④。

注 mansion：大邸宅（日本語の「マンション」を指すのは apartment。）

(3) ①

🔊 「オートバイ」を意味する motorcycle は MO-tor-cy-cle（●●●●）と発音されます。
英語の音の強弱に注意して聞いてみましょう。

スクリプト	和訳
W: Hiro, do you use the bus every day?	W：ヒロ，あなたは毎日バスを使っているの？
M: Only when it's rainy, like today.	M：今日のように雨が降っている時だけだよ。
W: So, do you usually come by bike?	W：じゃあ，いつもは自転車で来るの？
M: When it's sunny, I ride my motorcycle.	M：晴れていればオートバイに乗るよ。

設問文の和訳

晴れた日にヒロは何を使いますか。

選択肢の和訳

① オートバイ。　② 自転車。　③ バス。　④ 電車。

Hiro と呼びかけられた男性は最後の発言で When it's sunny, I ride my motorcycle.（晴れていればオートバイに乗るよ。）と言っているので，答えは①。

Training

答え

(1) New Zealand, Australia　(2) apartment　(3) motorcycle

🔊 強弱のメリハリをつけることを意識して発音しましょう。

(1) She said New Zealand, near Australia.（new ZEA-land, aus-TRAL-ia）

(2) I live in an apartment.（a-PART-ment）

(3) When it's sunny, I ride my motorcycle.（MO-tor-cy-cle）

英文の訳

(1) 彼女はニュージーランドで，オーストラリアの近くだと言いました。

(2) 私はアパートに住んでいます。

(3) 晴れていればオートバイに乗ります。

Step2　実戦問題

答え

1 (1)③　(2)①　(3)②

2 (1)③　(2)③　(3)③

解説

1 (1)③

🔊「ハンバーガー」は HAM-burg-er（●●●），「レストラン」は RES-tau-rant（●●●）と発音されます。それぞれ英語の音の強弱に注意して聞いてみましょう。

スクリプト	和訳
① The man orders hamburgers in a restaurant.	① 男性はレストランでハンバーガーを注文している。
② The restaurant does not sell hamburgers.	② そのレストランではハンバーガーを売っていない。
③ Hamburgers are being prepared.	③ ハンバーガーが作られている。

　ハンバーガーが作られているので，答えは③。

(2)①

🔊「ガーデン」は GAR-den（●●），「ウォーター」は WA-ter（●●），「フラワー」は FLOW-er（●●）と発音します。それぞれ英語の音の強弱に注意して聞いてみましょう。

11

スクリプト	和訳
① The woman is using a hose in the garden.	① 女性は庭でホースを使っている。
② The woman is drinking water in the garden.	② 女性は庭で水を飲んでいる。
③ The woman is planting flowers in the garden.	③ 女性は庭で花を植えている。

　女性は庭でホースを使って水やりをしています。選択肢の中でこの写真に合うのは①の「ホースを使っている」。

(3) ②

🔊 「オーディエンス」は AU-di-ence（●••），「シアター」は THE-a-ter（●••）と発音します。英語の音の強弱に注意して聞いてみましょう。

スクリプト	和訳
① The people are leaving the theater.	① 人々は劇場から出ていくところだ。
② The audience are clapping their hands.	② 観客は拍手をしている。
③ The crowd are unhappy with the show.	③ 観衆はショーに不満である。

　複数の人が拍手をしているので，答えは②。
注 clap *one*'s hands「手を叩く；拍手をする」　両手で叩くので hands と複数形で表します。

2 (1) ③

🔊 「ブレックファスト」は BREAK-fast（●•）と発音されます。英語の音の強弱に注意して聞いてみましょう。

スクリプト	和訳
W: Good morning, sir. What can I get you this morning?	W：おはようございます。今朝は何になさいますか。
M: I'd like the full breakfast with two eggs, please.	M：フルブレックファストで卵は2個お願いします。
W: Sure. How many slices of toast would you like?	W：かしこまりました。トーストは何枚にいたしましょうか。
M: Just one. And just butter, please. I don't need any jam.	M：1枚で結構です。あとバターだけお願いします。ジャムはいりません。

設問文の訳
ウエイトレスが男性に持ってくるのはどれですか。

　女性に What can I get you this morning?（今朝は何になさいますか。）と聞かれて，男性は I'd like the full breakfast with two eggs, please.（フルブレックファストで卵は 2 個お願いします。）と答えているので，卵は 2 個。また，How many slices of toast would you like?（トーストは何枚にいたしましょうか。）には Just one.（1 枚だけ。）と答えているのでトーストは 1 枚。さらに just butter（バターだけ），I don't need any jam.（ジャムはいりません。）と言っているので，卵が 2 個，トーストが 1 枚で，ジャムがない③が正解。

注 full breakfast：フルブレックファスト（トーストやシリアルだけの朝食に対し，卵やトマトなど複数の食材を含む朝食を指す。）

(2) ③

🔊 「ディナー」は DIN-ner（●●），「スーパーマーケット」は SU-per-mar-ket（●●●●），「ステーション」は STA-tion（●●）と発音されます。それぞれ英語の音の強弱に注意して聞いてみましょう。

スクリプト	和訳
W: Hi, it's Maria. I'm leaving the office now.	W：もしもし，マリアよ。今オフィスを出るところよ。
M: Great. Have you eaten yet? I'm just about to get dinner ready.	M：了解。もう食事は済ませた？ もうすぐ夕食ができるところだよ。
W: Not yet. That sounds great. I'll hurry.	W：まだよ。よかったわ。急ぐわね。
M: Would you stop at a supermarket and get some fruit on your way home from the station?	M：駅からの帰り道にスーパーに寄って果物を買ってきてくれない？
W: Sure.	W：わかったわ。

設問文の訳
女性は最初にどこに行きますか。

　女性の最初の発言 I'm leaving the office now.（今オフィスを出るところよ。）より，女性は帰宅し始めていることがわかる。男性に Would you stop at a supermarket and get some fruit on your way home from the station?（駅からの帰り道にスーパーに寄って果物を買ってきてくれない？）と頼まれて，Sure.（わかったわ。）と答えているので，女性がオフィスを出たあとで行く場所は「駅→スーパーマーケット→家」の順になる。答えは③。

(3) ③

🔊 「チルドレン」は CHILD-ren（●●），「ティーンエイジャー」は TEEN-ag-er（●●●），「ハンサム」は HAND-some（●●），「ベイビー」は BA-by（●●）と発音されます。それぞれ英語の音の強弱に注意して聞いてみましょう。

W: Richard, is that a picture of your children?

M: Yeah. This is Jake, our oldest. He's a teenager now, look!

W: Oh, he's handsome. And are these two twins?

M: Yes, two girls in elementary school, Rebecca and Rachel. And the baby here is Max.

和訳

W：リチャード，それはあなたの子どもの写真？

M：うん。これが一番上のジェイク。今ティーンエイジャーなんだ。見て！

W：まあ，ハンサムね。そして，この2人は双子なの？

M：そうだよ。2人の女の子は小学生でレベッカとレイチェル。そして，この赤ちゃんがマックスだよ。

設問文の訳

リチャードの子どもの写真は次のうちどれですか。

リチャードと呼ばれた男性は，最初に This is Jake, our oldest. He's a teenager now（これが一番上のジェイク。今ティーンエイジャーなんだ）と言っている。次に女性の are these two twins?（この2人は双子なの？）という質問に，Yes, two girls in elementary school（そうだよ。2人の女の子は小学生だ）と答えています。さらに the baby here is Max（この赤ちゃんがマックスだ）と言っているので，一番年上らしい男の子，小学生らしい女の子2人，赤ちゃんが写っている③が正解。

Training

🔊 問題冊子に示されたように，下線部の音の強弱のメリハリをつけることを意識して発音しましょう。

英文の訳

❶ ハンバーガーが作られています。

❷ 女性は庭でホースを使っています。

❸ 観客は拍手をしています。

❹ フルブレックファストで卵は2個お願いします。

❺ 駅からの帰り道に果物を買ってきてくれませんか。

❻ 一番上のジェイクは，今ティーンエイジャーなのです。

Step3
Let's Speak!

答え

(1) ③　(2) ①　(3) ③

解説

(1) ③

🔊 VOL-ley-ball　強弱のメリハリをつけることを意識して発音しましょう。

スクリプト	和訳
Which club did you join in junior high school?	中学ではどの部活に入っていましたか？

選択肢の和訳

① 放課後，私たちは部活動をしました。
② 私の学校にはバスケットボール部がありませんでした。
③ 私はバレーボール部員でした。
④ 通常，部活動は6時に終わります。

　　入っていた部活を聞かれているので，自分の部活を答えている③が正解。

(2) ①

🔊 LIV-ing room　強弱のメリハリをつけることを意識して発音しましょう。

スクリプト	和訳
Where do you usually watch TV?	普段，どこでテレビを見ますか？

選択肢の和訳

① リビングです。
② たいてい，夕方に見ます。
③ 父はよくそれを見ます。
④ 1日2時間くらいです。

　　テレビを見る場所を聞かれているので，部屋を答えている①が正解。

(3) ③

🔊 in-do-NE-sia　強弱のメリハリをつけることを意識して発音しましょう。

スクリプト	和訳
Which country would you like to visit?	どの国を訪れたいですか？

選択肢の和訳

① 私は他の国を訪れたいです。
② 首都はワシントンDCです。
③ 私はずっとインドネシアに興味がありました。
④ 私は海外に行ったことがありません。

　　訪れたい国を聞かれているので，自分が興味を持っている国を答えている③が正解。

Training

🔊 強弱のメリハリをつけることを意識して発音しましょう。

(1) I was a member of the volleyball club. （VOL-ley-ball）

(2) In the living room. （LIV-ing room）

(3) I've always been interested in Indonesia. （in-do-NE-sia）

英文の訳

(1) 私はバレーボール部員でした。

(2) リビングです。

(3) 私はずっとインドネシアに興味がありました。

Lesson 3 強弱の位置

問題冊子 p.21 ／
音声はこちらから➡

Training

🔊 日本語の「バナナ」,「ポテト」,「ホテル」と違い, 英語の ba-NAN-a (●●●), po-TA-to (●●●), ho-TEL (●●) は, それぞれ 2 つ目の音のかたまりを「強く・長く・高く・はっきりと」発音します。同じように, vi-o-LIN (●●●) は 3 つ目の音のかたまりを強く発音します。正しい強弱の位置を意識して発音しましょう。

Step1 練習問題

答え

(1)② (2)② (3)③

解説

(1)②

🔊 「バレーボール」は VOL-ley-ball (●●●),「ランニング」は RUN-ning (●●),「テニス」は TEN-nis (●●) と, それぞれ 1 つ目の音のかたまりが強く発音されます。

スクリプト	和訳
W: How is your life in high school? Did you join the volleyball club?	W：高校生活はどう？　バレーボール部に入ったの？
M: I played volleyball in junior high, but I finally joined the running team in high school.	M：中学ではバレーボールをやっていたんだけど, 高校では結局ランニング部に入ったんだ。
W: You mean you went from volleyball to running?	W：バレーボールからランニングに切り替えたということ？
M: Actually, I joined the tennis club at first, but I quit after a week and started running then.	M：実は, 最初はテニス部に入ったんだけど, 1 週間でやめてそれからランニングを始めたんだ。

　バレーボール部に入ったのかと聞かれた男の子は I finally joined the running team in high school. (高校では結局ランニング部に入った。) と答えているので, 答えは②。最後の発言でも I joined the tennis club at first, but I quit after a week and started running then. (最初はテニス部に入ったんだけど, 1 週間でやめてそれからランニングを始めた。) と言っているので, 今はテニス部には入っていないとわかります。

(2) ②

🔊 「ダイヤモンド」は DI-a-mond(s)（●••）と，１つ目の音のかたまりが強く発音されます。

スクリプト	和訳
M: What are you playing?	M：何をしているの？
W: It's a card game. We play it often in Canada. Would you like to join us?	W：カードゲームよ。カナダではよくやるの。あなたも一緒にやる？
M: Sure! Do I just pick a card? You have clubs, right?	M：うん！　カードを引けばいいの？　君はクラブを持っているんだね？
W: Yes. Look! <u>You chose the two of diamonds</u>, so you get to go first.	W：ええ。見て！　あなたはダイヤの２を選んだから，あなたが先攻よ。

　女性が男性に対して，You chose the two of diamonds（あなたはダイヤの２を選んだ）と言っているので答えは②。

(3) ③

🔊 「ハンドル」は HAN-dle（●•）と，１つ目の音のかたまりが強く発音されます。

スクリプト	和訳
W: Are we all ready to go out?	W：みんな出かける準備はいい？
M: I think so. Let's go!	M：いいと思うよ。行こう！
W: How do I lock the door?	W：どうやって鍵を閉めるのかしら。
M: Oh, it's a little difficult. <u>Lift the handle up</u>, then turn the key.	M：ああ，少し難しいんだ。ハンドルを上に上げてから鍵を回すんだよ。

　女性の How do I lock the door?（どうやって鍵を閉めるのかしら。）という発言に対して，男性は Lift the handle up, then turn the key.（ハンドルを上に上げてから鍵を回すんだよ。）と説明しているので，答えは③。

Training

答え

(1) **running**　(2) **diamonds**　(3) **handle**

🔊 強弱の位置に注意して発音しましょう。

(1) I finally joined the <u>running</u> team in high school.（RUN-ning）

(2) You chose the two of <u>diamonds</u>.（DI-a-mond(s)）

(3) Lift the <u>handle</u> up, then turn the key.（HAN-dle）

音声

英文の訳

(1) 私は高校では結局ランニング部に入りました。

(2) あなたはダイヤの 2 を選びました。

(3) ハンドルを上に上げてから鍵を回してください。

Step2 実戦問題

答え

1 (1)② (2)① (3)②

2 (1)③ (2)① (3)②

解説

1 (1)②

🔊 「サンドイッチ」は SAND-wich（●●）と，1 つ目の音のかたまりが強く発音されます。

スクリプト	和訳
Mike doesn't need anything as he's eating a sandwich now.	マイクは今サンドイッチを食べているところなので，何もいりません。

今サンドイッチを食べているところなので答えは②。

(2)①

🔊 「ポテト」は po-TA-to(es)（•●•）と，2 つ目の音のかたまりが強く発音されます。

スクリプト	和訳
Can I have the steak without potatoes, please?	ステーキを，ポテトはつけずにいただけますか。

the steak without potatoes（ステーキをポテトはつけずに）と言っているので答えは①。

(3)②

🔊 「ゴリラ」は go-RIL-la(s)（•●•）と 2 つ目の音のかたまりが強く発音され，「チンパンジー」は chim-pan-ZEE(S)（••●）と，3 つ目の音のかたまりが強く発音されます。

スクリプト	和訳
She wanted to see gorillas rather than chimpanzees.	彼女はチンパンジーよりゴリラが見たかった。

「チンパンジーよりゴリラが見たかった」ということは，今ゴリラを見ることができず，チンパンジーを見ていると考えられるので，答えは②。

2 (1) ③

◀ 「ピアノ」は pi-A-no（●●●）と 2 つ目の音のかたまりが強く発音されます。

スクリプト	和訳
M: I'm a little nervous. W: Is this your first piano lesson? M: Yes. What should I do first?	M：少し緊張しています。 W：ピアノのレッスンは初めてですか。 M：はい。まず何をしたらいいでしょうか。

選択肢の和訳

① 出発する前にシートベルトをしてください。

② このようにスティックにつかまってください。

③ 座ってここに指を置いてください。

　女性の Is this your first piano lesson?（ピアノのレッスンは初めてですか。）という発言から，男性はピアノのレッスンを受けているとわかる。ピアノを弾く時に最初にすることとしては③が正解。

(2) ①

◀ 「ホテル」は ho-TEL（●●）と 2 つ目の音のかたまりが強く発音されます。

スクリプト	和訳
W: Hi, is this the Central Hotel?	W：もしもし，そちらはセントラルホテルですか。
M: Yes, madam. How may I help you?	M：はい，お客様。ご用件をうけたまわります。
W: I'd like to make a reservation.	W：予約をしたいのですが。

選択肢の和訳

① かしこまりました。いつチェックインをご希望でしょうか。

② かしこまりました。ご夕食は何名様でしょうか。

③ かしこまりました。チケットは何枚ご希望でしょうか。

　女性の最初の発言から，ホテルに電話をかけていることがわかる。最後の発言は I'd like to make a reservation.（予約をしたいのですが。）なので，Certainly.（かしこまりました。）と承諾してからチェックインの日をたずねている①が正解。

(3) ②

◀ 「アクセサリー」は ac-CES-so-ry（●●●●）と 2 つ目の音のかたまりが強く発音され，「エスカレーター」は ES-ca-la-tor（●●●●）と，1 つ目の音のかたまりが強く発音されます。

スクリプト	和訳
W: I'm looking for the accessory shop.	W：アクセサリーショップを探しているの ですが。
M: Sure. It's on the second floor.	M：はい，2階にございます。
W: It looks like the escalator is out of order.	W：エスカレーターは故障中のようです ね。

選択肢の和訳

① 2階までエスカレーターをご利用ください。

② あちらにエレベーターがあります。

③ アクセサリーショップは本日休業しております。

女性は店が2階にあることを教えられて，It looks like the escalator is out of order.（エスカレーターは故障中のようですね。）と言っている。この発言に対する返答としては，代わりにエレベーターを案内している②が正解。

Training

◀ 問題冊子に示されたように，下線部の強弱の位置に注意して発音しましょう。

英文の訳

❶ 彼は今サンドイッチを食べているところです。

❷ ステーキをポテトはつけずにいただけますか。

❸ 彼女はチンパンジーよりもゴリラが見たかったです。

❹ ピアノのレッスンは初めてですか。

❺ そちらはセントラルホテルですか。

❻ エスカレーターは故障中です。

Step3 Let's Speak!

答え

1 (1)④　(2)③　(3)②

解説

1 (1)④

◀ AL-pha-bet　1つ目の音のかたまりを強く発音しましょう。

スクリプト	和訳
When do you begin to learn English in Japan?	日本ではいつ，英語を学び始めますか。

選択肢の和訳

① それをどうやって学んだらよいかわかりません。
② 26 文字あります。
③ それは習うのはとても簡単です。
④ 私たちはアルファベットを小学校で習います。

　　いつ英語を学び始めるかを聞かれているので，「アルファベットを小学校で習う」と時期を答えている④が正解。

(2) ③

🔊 BAD-min-ton　1つ目の音のかたまりを強く発音しましょう。

スクリプト	和訳
Which club has the most members at your school?	あなたの学校で最も部員が多いのは何部ですか。

選択肢の和訳

① 部活動は放課後と週末に行われます。
② 暇な時はサッカーをするのが好きです。
③ バドミントン部だと思います。
④ 20 ほどのいろいろな部活があります。

　　最も部員の多い部を聞かれているので，具体的な部活名を答えている③が正解。

(3) ②

🔊 en-gi-NEER　3つ目の音のかたまりを強く発音しましょう

スクリプト	和訳
What do your parents do?	ご両親の職業は何ですか。

選択肢の和訳

① 私は彼らが家の掃除をするのを手伝います。
② 父はエンジニアで母は教師です。
③ 彼らは 2 人とも沖縄出身です。
④ 彼らはよく私の宿題を手伝ってくれます。

　　What do〔does〕～ do? は職業をたずねる表現。両親の職業を答えている②が正解。

Training

🔊 強弱の位置に注意して発音しましょう。

(1) We learn the alphabet in elementary school. （AL-pha-bet）

(2) I think it's the badminton club. （BAD-min-ton）

(3) My father is an engineer and my mother is a teacher. （en-gi-NEER）

英文の訳

(1) 私たちはアルファベットを小学校で習います。

(2) それはバドミントン部だと思います。

(3) 父はエンジニアで母は教師です。

Lesson 3

Training

🔊 日本語の「バッグ」や「コート」と異なり，bag や coat のように子音で終わる英単語は，語尾に「bag う」「coat お」のような母音は入れずに発音します。同じように bat や tent は「bat お」「tent お」のような余分な「お」を入れた発音にならないよう意識しましょう。単語の終わりに余分な音を入れてしまうと，通じにくくなってしまうので要注意です。

Step1 練習問題

答え
(1) ②, ④ (2) ②, ④ (3) ④

解説

(1) ②, ④

🔊 cream, bag, hat, cap は，カタカナ発音と異なり，単語の終わりに余分な母音が発音されていないことに注意して聞いてみましょう。

スクリプト	和訳
W: Oliver, it's very sunny today.	W：オリバー，今日はとても日差しが強いわよ。
M: I'm fine, Mom. I have some sun cream in my bag.	M：大丈夫だよ，お母さん。バッグに日焼け止めクリームが入っているから。
W: Please take a sun hat with you, too.	W：日よけ帽子も持って行きなさい。
M: I've got my baseball cap, so I'll be fine.	M：野球帽があるから大丈夫だよ。

　　男の子の最初の発言 I have some sun cream in my bag.（バッグに日焼け止めクリームが入っている。）と最後の発言 I've got my baseball cap（野球帽がある）より，答えは②と④。

(2) ②, ④

🔊 tent, rucksack, map, guidebook は，カタカナ発音と異なり，単語の終わりに余分な母音が発音されていないことに注意して聞いてみましょう。

スクリプト	和訳
M: Are you ready for the camping trip?	M：キャンプ旅行の準備はできている？
W: Yes, I think so. You're carrying the	W：ええ，できていると思うわ。あなたが

24

tent, right?	テントを持って行くのよね。
M: Yes. So why is your rucksack so heavy?	M：うん。で，どうして君のリュックサックはそんなに重いの？
W: Oh, I thought we should take a map and a guidebook.	W：ああ，地図とガイドブックを持って行かなきゃと思ったの。

　男性に why is your rucksack so heavy?（どうして君のリュックサックはそんなに重いの？）とたずねられ，女性は I thought we should take a map and a guidebook（地図とガイドブックを持って行かなきゃと思った）と答えているので，答えは②と④。

(3) ④

🔊 bird, cat, dog, pet は，カタカナ発音と異なり，単語の終わりに余分な母音が発音されていないことに注意して聞いてみましょう。

スクリプト	和訳
M: I can't decide on my avatar for this game.	M：このゲームの僕のアバターをどれにしようか決められないよ。
W: How about an animal? I have a bird.	W：動物はどう？　私は鳥にしたの。
M: Good idea. How about a cat or a dog?	M：いいね。ネコか犬はどうかな？
W: A dog sounds good. And you have a pet dog, too.	W：犬がいいんじゃない。あなたは犬を飼っているし。

　男性の最初の発言から自分のアバター（ネット上の自分のキャラクター）を決めようとしていることがわかります。How about a cat or a dog?（ネコか犬はどうかな？）という男性の２つ目の発言に対し，女性が A dog sounds good.（犬がいいんじゃない。）と言っていることより，答えは④。

注 avatar：アバター（インターネット上のゲームなどで利用者を示すアイコン。）

Training

答え

(1) cream　(2) map　(3) dog

🔊 下線部の単語の終わりに余分な母音を入れないよう意識して発音しましょう。

(1) I have some sun cream in my bag.（× cream う）

(2) We should take a map and a guidebook.（× map う）

(3) A dog sounds good.（× dog う）

英文の訳

(1) 私はバッグに日焼け止めクリームを入れています。

(2) 地図とガイドブックを持って行くべきです。

(3) 犬がよさそうです。

Step 2 実戦問題

答え
1 (1)② (2)③ (3)②
2 (1)① (2)③ (3)②

解説

1 (1)②

🔊 luck, test は，カタカナ発音と異なり，単語の終わりに余分な母音が発音されていないことに注意して聞いてみましょう。

スクリプト	和訳
Good luck with your math test on Friday!	金曜日の数学のテスト，がんばってね！

選択肢の和訳
① 雨が降ると思います。
② 大丈夫だと思います。
③ 金曜の夕方は忙しいです。

「テストをがんばって」という励ましに対する応答なので②が正解。

(2)③

🔊 big, truck は，カタカナ発音と異なり，単語の終わりに余分な母音が発音されていないことに注意して聞いてみましょう。

スクリプト	和訳
How big is your father's new truck?	お父さんの新しいトラックはどのくらい大きいのですか。

選択肢の和訳
① 彼は先月それを買ったばかりです。
② 古いものより速いです。
③ 中に7人乗れます。

車の大きさを聞かれているので，乗ることができる人数を答えている③が正解。

(3)②

🔊 think, ink は，カタカナ発音と異なり，単語の終わりに余分な母音が発音されていないことに注意して聞いてみましょう。

スクリプト	和訳
I don't think there is any more ink.	もうインクがないと思います。

選択肢の和訳

① 彼を招待するのを忘れたのですか。

② あとで買ってきます。

③ それを取り除かなくてはいけません。

インクがないと言われているので,「買ってくる」と答えている②が正解。

2 (1) ①

🔊 clock, shelf, desk, bed は,カタカナ発音と異なり,単語の終わりに余分な母音が発音されていないことに注意して聞いてみましょう。

スクリプト	和訳
W: Let's put the new clock on the shelf.	W：新しい時計を棚に置きましょうか。
M: It's kind of difficult to see up there. Maybe it's better on my desk.	M：そこでは見づらいよ。僕の机の上の方がいいんじゃないかな。
W: Are you sure you have space? How about on the wall above it?	W：置く場所があるっていうの？ その上の壁はどう？
M: Yes, it's safe there. If it is over my bed, it might fall on me.	M：うん,それが安全だね。僕のベッドの上だと僕の上に落ちてくるかもしれないし。

女性が最初に on the shelf(棚に)を提案すると,男の子は it's better on my desk(僕の机の上の方がいい)と言っています。それに対して女性が(机の上に)置く場所があるのかと指摘して How about on the wall above it?(その上の壁はどう？)とたずねると,男の子は Yes, it's safe there.(うん,それが安全だね。)と同意しています。よって①が正解。

(2) ③

🔊 talk, site, click は,カタカナ発音と異なり,単語の終わりに余分な母音が発音されていないことに注意して聞いてみましょう。

スクリプト	和訳
M: How do I talk to my Mom on this site?	M：このサイトでどうやってお母さんと話すの？
W: You need to click on the "Friends" icon first. Do you want to do a video call?	W：まず「友だち」のアイコンをクリックするの。ビデオコールがしたい？
M: She doesn't have a camera.	M：お母さんはカメラを持っていないんだ。
W: Then click on this phone icon. After that, choose the person you want to talk to.	W：じゃあ,この電話のアイコンをクリックして。そのあと話したい人を選んでね。

女性は最初の発言で You need to click on the "Friends" icon first.（まず「友だち」のアイコンをクリックする必要がある。）と言っています。次に女性は click on this phone icon（この電話のアイコンをクリックして）と言い，最後に After that, choose the person you want to talk to.（そのあと話したい人を選んで。）と言っているので，「友だち」⇒「電話」⇒「人の名前」の順の③が正解。

(3) ②

🔊 astronaut, pilot, bank は，カタカナ発音と異なり，単語の終わりに余分な母音が発音されていないことに注意して聞いてみましょう。

スクリプト	和訳
M: I thought astronaut would be the top answer.	M：僕は宇宙飛行士という答えが一番多いだろうと思っていたよ。
W: Last year it was, but it's down to second.	W：去年はそうだったけど，2位に落ちたわね。
M: Just above pilot. Doctor is way down, too.	M：パイロットのすぐ上だ。医者もずっと下だね。
W: It surprised me that working in a bank came top.	W：銀行で働くことが1位になるなんて驚いたわ。

男性の最初の発言 I thought astronaut would be the top answer.（僕は宇宙飛行士という答えが一番多いだろうと思っていた。）に対して，女性が Last year it was, but it's down to second.（去年はそうだったけど，2位に落ちた。）と応じていることより宇宙飛行士は2位だとわかる。次の男性の発言 Just above pilot.（パイロットのすぐ上。）は直前の宇宙飛行士について述べているので，パイロットは3位となる。さらに男性の Doctor is way down, too.（医者もずっと下。）と，女性の最後の発言 working in a bank came top（銀行で働くことが1位になった）より②が正解。

Training

🔊 下線部で，単語の終わりに余分な母音を入れないよう意識して発音しましょう。

英文の訳
❶ 金曜日の数学のテスト，がんばってください！
❷ あなたのお父さんの新しいトラックはどのくらい大きいのですか。
❸ もうインクがないと思います。
❹ 机の上の壁はどうでしょうか。
❺ 「友だち」のアイコンをクリックしてください。
❻ 銀行で働くことが1位になりました。

Step³ Let's Speak!

答え

(1)② (2)① (3)④

解説

(1)②

🔊 ga<u>me</u>（× game う）　単語の終わりに余分な母音を入れないよう意識しましょう。

スクリプト	和訳
What do you want to buy with your New Year money?	お年玉で何を買いたいですか。

選択肢の和訳	
① 20,000円くらい貯金しました。	② 新しいゲームを買いたいと思っています。
③ よくそれを祖父母からもらいます。	④ 私たちは毎年1月1日にお金をもらいます。

　何を買いたいかと聞かれているので，買いたいと思っているものを答えている②が正解。

(2)①

🔊 b<u>us</u>（× bus う）　単語の終わりに余分な母音を入れないよう意識しましょう。

スクリプト	和訳
How do you get to the station?	どうやって駅まで行きますか？

選択肢の和訳	
① 私はバスに乗らなければなりません。	② 7時半に出ます。
③ そこで友だちに会います。	④ 20分くらいかかります。

　どうやって行くのかを聞かれているので，交通手段を答えている①が正解。

(3)④

🔊 te<u>st</u>（× test お）　単語の終わりに余分な母音を入れないよう意識しましょう。

スクリプト	和訳
What will you do at school tomorrow?	明日学校で何をしますか？

選択肢の和訳	
① 日曜日は早く寝ます。	② 友だちと公園で遊ぶ予定です。
③ 週3回英語があります。	④ 午前中にテストがあります。

　明日学校で何をするかを聞かれているので，「テストがある」と学校での予定を具体的に答えている④が正解。②は学校での予定ではないので不適切。③は明日のことではなく，週3回という習慣的なことを答えているので不適切。

Training

◀ 日本語の「ドレス」と異なり，dress は dr を 1 つの音のように一気に発音します。同じように，train, class, street はそれぞれ tr, cl, str といった子音のかたまりを 1 つの音のように一気に発音します。「d お ress」「t お rain」「c う lass」「s う t お reet」のような余分な母音の入った発音にならないように注意しましょう。

Step¹ 練習問題

答え
(1) ② (2) ④ (3) ④

解説

(1) ②

◀ try, blend, smooth, Brazil, strong はそれぞれ，子音のかたまり tr, bl, sm, Br, str が 1 つの音のように発音されます。余分な母音が入らないことに注意して聞きましょう。

スクリプト	和訳
W: Would you like to try our new blend?	W：新しいブレンドをお試しになりますか。
M: Sure. Can you tell me about it?	M：ぜひ。説明してもらえますか。
W: It is a smooth coffee from Brazil.	W：ブラジル産の口当たりのよいコーヒーです。
M: It's delicious, but a little strong for me.	M：おいしいですが，私には少し濃いですね。

設問文の和訳
新しいブレンドの産地はどこですか。

選択肢の和訳
① ベルギー。　② ブラジル。　③ コロンビア。　④ コスタリカ。

　女性の Would you like to try our new blend?（新しいブレンドをお試しになりますか。）に対し，男性がそのブレンドについて説明を求めると，女性は次の発言で It is a smooth coffee from Brazil.（ブラジル産の口当たりのよいコーヒーです。）と答えているので，答えは②。

(2) ④

🔊 great, brass, practice, sleep はそれぞれ，子音のかたまり gr, br, pr, sl が１つ
の音のように発音されます。余分な母音が入らないことに注意して聞きましょう。

スクリプト	和訳
M: You look a little tired today.	M：今日は少し疲れているみたいだね。
W: Yeah, I don't feel great.	W：ええ。あまり気分がよくないの。
M: Are you coming to the brass band practice after the English class?	M：英語の授業のあと，ブラスバンドの練習に来る？
W: I think I'll just go home and sleep.	W：ただ家に帰って寝ようと思うわ。

設問文の和訳

女の子は今日の放課後何をしますか。

選択肢の和訳

① 宿題をします。　　② 英語のテストを受けます。

③ バンドで練習をします。　　④ 家で寝ます。

　　男性の Are you coming to the brass band practice after the English class?（英語の授業
のあと，ブラスバンドの練習に来る？）という質問に対して，女性は I think I'll just go
home and sleep.（ただ家に帰って寝ようと思う。）と返答しているので，答えは④。

(3) ④

🔊 clean, dry はそれぞれ，子音のかたまり cl, dr が１つの音のように発音されます。
余分な母音が入らないことに注意して聞きましょう。

スクリプト	和訳
W: Is that your old jacket?	W：それはあなたの古いジャケット？
M: Yes. I can't wear the new one.	M：うん。新しいのは着られないんだ。
W: Why not? I washed it for you.	W：どうして？　洗ってあげたのに。
M: I know, thank you. It's clean, but not dry yet.	M：そうだよね，ありがとう。きれいなんだけど，まだ乾いていないんだ。

設問文の和訳

新しいジャケットの問題は何ですか。

選択肢の和訳

① 汚れています。　② 値段が高いです。　③ 小さいです。　④ 濡れています。

　　男性は I can't wear the new one.（新しいの（＝ジャケット）は着られない。）と言っていて，
その理由は女性の２つ目の発言 I washed it for you.（それ（＝ジャケット）を洗ってあげた。）
と男性の最後の発言 It's clean, but not dry yet.（それ（＝ジャケット）はきれいなんだけど
まだ乾いていない。）より，洗濯してまだ濡れているからだとわかるので，答えは④。

Training

答え

(1) Brazil　(2) sleep　(3) dry

🔊 下線部にある子音のかたまりを1つの音のように発音します。余分な母音の入った発音にならないように注意しましょう。

(1) It is a smooth coffee from Brazil.　(× B う razil)

(2) I'll just go home and sleep.　(× s う leep)

(3) It's clean, but not dry yet.　(× d お ry)

英文の訳

(1) ブラジル産の口当たりのよいコーヒーです。

(2) ただ家に帰って寝ます。

(3) きれいですが，まだ乾いていません。

実戦問題

答え

1 (1)④　(2)④　(3)③　　　**2** (1)③　(2)②　(3)③

解説

1 (1)④

🔊 shrimp, omelet, spicy はそれぞれ，子音のかたまり shr, m(e)l, sp が1つの音のように発音されます。余分な母音が入らないことに注意して聞きましょう。

スクリプト	和訳
The shrimp omelet looks good, but it looks too spicy.	エビのオムレツはおいしそうですが，辛すぎるように見えます。

選択肢の和訳

① 話し手はオムレツが好きではありません。

② 話し手はエビが好きではありません。

③ 話し手は今お腹がすいていません。

④ 話し手は味について心配しています。

　　エビのオムレツについて it looks too spicy（辛すぎるように見える）と味を心配しているので，答えは④。

(2)④

🔊 playground, drive はそれぞれ，子音のかたまり pl, gr, dr が1つの音のように発音されます。余分な母音が入らないことに注意して聞きましょう。

33

スクリプト	和訳
There is no bus going straight to the playground. We'll have to drive.	運動場まで直通のバスはありません。車で行かなければならないでしょう。

選択肢の和訳
① 彼らは今日運動場へ行くことができません。
② 彼らは運動場へ歩いて行かなければなりません。
③ 彼らはバスに乗らなければならないでしょう。
④ 彼らは車で移動するでしょう。

　運動場まで直通のバスがなく，We'll have to drive.（車を運転して行かなければならないでしょう。）と言っているので，答えは④。

(3) ③

🔊 product, scratch, replaced はそれぞれ，子音のかたまり pr, scr, pl が 1 つの音のように発音されます。余分な母音が入らないことに注意して聞きましょう。

スクリプト	和訳
This product seems to have a scratch. Can I get it replaced?	この製品にはひっかき傷が入っているようです。交換してもらえますか。

選択肢の和訳
① 製品は間違った場所に配送されました。
② 製品は話し手を満足させました。
③ 話し手は製品に満足していません。
④ 話し手は新しい製品を買いたいと思っています。

　製品に a scratch（ひっかき傷）があり，Can I get it replaced?（交換してもらえますか。）と言っていることより，話し手は製品に満足していないと判断できるので，答えは③。

2 (1) ③

🔊 platform, train, problem は，子音のかたまり pl, tr, pr が 1 つの音のように発音されます。余分な母音が入らないことに注意して聞きましょう。

スクリプト	和訳
M: Hi, Betty. We're getting the 10:30, right?	M：もしもし，ベティ。僕たちは 10 時 30 分のに乗るんだよね。
W: Yes, I'll meet you on the platform.	W：ええ，ホームで待ち合わせましょう。
M: Oh, the train is delayed by ten minutes.	M：あ，電車は 10 分遅れているよ。
W: No problem. That gives us thirty minutes to get there.	W：問題ないわ。それなら 30 分で駅に着けばいいわ。

男性の We're getting the 10:30, right?（僕たちは 10 時 30 分のに乗るんだよね。）と the train is delayed by ten minutes（電車は 10 分遅れている）より電車は 10 分遅れの 10 時 40 分に到着すると判断できるので，答えは③。

(2) ②

🔊 brown, grey, green, black, place は子音のかたまり br, gr, bl, pl が 1 つの音のように発音されます。余分な母音が入らないことに注意して聞きましょう。

スクリプト	和訳
W: Were you surprised by these results?	W：この結果には驚いた？
M: Yeah!　I mean, I knew brown and grey would be near the bottom, but green?	M：そうだね！　いや，茶色と灰色は最下位に近いだろうとわかっていたけど，緑色だよ？
W: I know!　So, what do we have? Grey second from the bottom and brown just above that.	W：そうなの！　それで，どうだったかしら？　灰色が下から 2 番目で茶色がそのすぐ上ね。
M: I didn't think black would place fourth from the bottom, either.	M：黒が下から 4 番目になるとも思わなかったよ。

選択肢の和訳			
① A：灰色	B：緑色	C：黒	D：茶色
② A：黒	B：茶色	C：灰色	D：緑色
③ A：黒	B：灰色	C：茶色	D：緑色

女性の Grey second from the bottom and brown just above that.（灰色が下から 2 番目で茶色がそのすぐ上ね。）と，男性の I didn't think black would place fourth from the bottom, either.（黒が下から 4 番目になるとも思わなかったよ。）より，人気の順位は下から 2 番目（＝ C）灰色⇒下から 3 番目（＝ B）茶色⇒下から 4 番目（＝ A）黒とわかります。また，男性の最初の発言に出てきた緑色は最も人気がなかった（＝ D）と考えると会話の流れにも合うので，②が正解。

(3) ③

🔊 frame, glass, plastic, included はそれぞれ，子音のかたまり fr, gl, pl, cl が 1 つの音のように発音されます。余分な母音が入らないことに注意して聞きましょう。

スクリプト	和訳
M: Here is the photo.　Would you like a frame?	M：こちらが写真です。フレームはいかがですか。
W: Yes, how much is this silver one?	W：はい，このシルバーのはおいくらですか。

Lesson 5

| M: The frame is \$50, but the glass costs \$10.

W: I'll just take this plastic frame for \$25. Is the glass extra?

M: No, it's included here. | M：フレームは 50 ドルですが，ガラスが 10 ドルかかります。

W：この 25 ドルのプラスチックのフレームだけいただきます。ガラスは別料金ですか。

M：いいえ，フレームの料金に含まれています。 |

　女性は I'll just take this plastic frame for \$25.（この 25 ドルのプラスチックのフレームだけいただきます。）と言っています。また，女性の Is the glass extra?（ガラスは別料金ですか。）という質問に，男性は No, it's included here.（いいえ，フレームの料金に含まれています。）と答えているので③が正解。

Training

🔊 下線部をそれぞれ子音のかたまりとして発音します。余分な母音の入った発音にならないように注意しましょう。

英文の訳
❶ エビのオムレツは辛すぎるように見えます。
❷ 運動場へは車で行かなければならないでしょう。
❸ 交換してもらえますか。
❹ 電車が 10 分遅れています。
❺ 灰色は下から 2 番目です。
❻ ガラス（代）は価格に含まれています。

Step3 Let's Speak!

答え
(1)② (2)④ (3)③

解説
(1)②

🔊 blue, blazer, grey（× b う lue, b う lazer, g う rey）　余分な母音の入った発音にならないように注意しましょう。

スクリプト	和訳
Tell me about your school uniform.	あなたの学校の制服について教えてください。

選択肢の和訳
① 私は週末にはたいていジーンズを履きます。
② シャツは青色で，ブレザーは灰色です。
③ 日本の学校では制服が一般的です。
④ 私たちは学校に制服を着て行かなければなりません。

　あなたの学校の制服について教えてほしいと言われているので，具体的な服装を説明している②が正解。

(2) ④

🔊 plant, flower(s), tree(s) （× p う lant, f う lower(s), t う ree(s)）　余分な母音の入った発音にならないように注意しましょう。

スクリプト	和訳
What kind of volunteer work does your school do?	あなたの学校はどんなボランティアの仕事をしますか。

選択肢の和訳
① たいてい土曜日に行われます。
② ほとんどの生徒は内気すぎるのでボランティアをすることができません。
③ 放課後によくボランティアが必要とされます。
④ 私たちは花や木を植えます。

　学校で行うボランティアの内容を聞かれているので，活動の内容を答えている④が正解。

(3) ③

🔊 drew, crayon(s) （× d う rew, c う rayon(s)）　余分な母音の入った発音にならないように注意しましょう。

スクリプト	和訳
What did you do in the art class in school?	学校の美術の時間に何をしましたか。

選択肢の和訳
① 私は美術の先生が一番好きでした。
② 私は学校にお弁当を持って行きました。
③ 私たちはクレヨンで絵を描きました。
④ 美術は週に1回ありました。

　美術の時間に何をしたかを聞かれているので，美術の活動を答えている③が正解。

Training

◀: 余分な母音の入った発音にならないように注意しましょう。

(1) The shirt is blue and the blazer is grey. （× b う lue, b う lazer, g う rey）

(2) We plant flowers and trees. （× p う lant, f う lower(s), t う ree(s)）

(3) We drew pictures with crayons. （× d う rew, c う rayon(s)）

英文の訳

(1) シャツは青色で，ブレザーは灰色です。

(2) 私たちは花や木を植えます。

(3) 私たちはクレヨンで絵を描きました。

Step1
実戦問題

答え
1 (1) ③ (2) ① (3) ④　　2 (1) ② (2) ③ (3) ②　　3 (1) ② (2) ③ (3) ③
4 (1) ⑦ (2) ⑦ (3) ⑧ (4) ③ (5) ②

解説

1 (1) ③

🔊 book, shop の単語の終わりや，square, travel の子音のかたまり sq, tr に余分な母音が入っていないことに注意しましょう。

スクリプト	和訳
The book shop is on the other side of the square from the travel agent.	書店は旅行会社から広場をはさんで向かいにあります。

　旅行会社と書店が広場をはさんで反対側にある③が正解。

(2) ①

🔊 visit, friends, and の単語の終わりや，first の子音のかたまり st に余分な母音が入っていないことに注意しましょう。また，「ノルウェー」は NOR-way（● •），「スウェーデン」は SWE-den（● •）という音の強弱に気をつけて聞いてみましょう。

スクリプト	和訳
He's going to visit friends in Norway first, and then Sweden.	彼は最初にノルウェーの友だちを訪ね，それからスウェーデンに行くつもりです。

　最初にノルウェーに行ってからスウェーデンへ行くという予定を話しているので，答えは①。

(3) ④

🔊 printer の子音のかたまり pr や，ink, minut(e)s の単語の終わりに余分な母音が入っていないことに注意しましょう。

スクリプト	和訳
The printer needs ink, so she'll go to buy some in ten minutes.	プリンターのインクがなくなっているので，彼女は10分後に買いに行くつもりです。

プリンターにインクが必要で，10分後に買いに行く，つまりまだ買いに行っていないので，答えは④。

2 (1) ②

🔊 Great の単語の終わりに余分な母音が入っていないことに注意しましょう。

スクリプト	和訳
M: Are you ready?	M：準備はいい？
W: So, I just hold the handle and step on?	W：ハンドルにつかまって，足を乗せるだけでいいのね？
M: That's right.　How does it feel?	M：そうだよ。どんな感じ？
① How do I get on and off it?	① どうやって乗ったり降りたりするの？
② Great.　Does this black button mean stop?	② いい感じ。この黒いボタンで止まるの？
③ Can I get a coffee with that, please?	③ それと一緒にコーヒーももらえるかしら？

How does it feel?（どんな感じ？）と感想を聞かれているので，感想を答えている②が正解。

(2) ③

🔊 forgot, fruit の単語の終わりに余分な母音が入っていないことに注意しましょう。また，「スーパーマーケット」は SU-per-mar-ket（● ● ● ●）という音の強弱の位置にも注意して聞いてみましょう。

スクリプト	和訳
M: Do we have everything we need?	M：必要なものは全部あるかな？
W: Sandwiches, drinks, potato chips, cookies...	W：サンドイッチ，飲みもの，ポテトチップス，クッキー…。
M: Oh, no! I forgot to get some fruit.	M：いけない！　果物を買うのを忘れた。
① Did you bring the apples?	① リンゴを持って来た？
② The picnic is next week.	② ピクニックは来週よ。
③ Let's stop by the supermarket.	③ スーパーに寄りましょう。

果物を買うのを忘れたと言っているので，スーパーで買うことを提案している③が正解。

(3) ②

🔊 triangle の子音のかたまり tr で余分な母音が発音されないことに注意しましょう。

スクリプト	和訳
W: I'm sure there is something you can choose.	W：あなたが選べるものがきっとありますよ。
M: But the drum and cymbal are already taken.	M：でも太鼓とシンバルはもう（役割が）取られています。
W: How about the triangle?	W：トライアングルはどう？
① Sure, you can try the drum. ② I'm afraid it's too difficult for me. ③ What instrument can you play?	① もちろん，太鼓をやってみていいですよ。 ② 私には難しすぎると思います。 ③ どの楽器ができますか。

　トライアングルはどうかとすすめられているので，そのすすめに対して「難しすぎる」という不安を伝えている②が正解。

3 (1) ②

🔊 「ターミナル」は TER-mi-nal（● ● ●），「インターナショナル」は in-ter-NA-tion-al（● ● ● ● ●）という音の強弱に注意しましょう。

スクリプト	和訳
Mike is heading to the airport on the monorail. He needs to get off at Terminal 2 as he is getting an international flight. He wants to buy some gifts before he leaves, but if he makes a mistake and gets off at Terminal 1, he won't have time to go shopping.	マイクはモノレールで空港に向かっています。彼は国際線に乗るので，第2ターミナルで降りる必要があります。彼は出発前にいくつかお土産を買いたいと思っていますが，もし間違えて第1ターミナルで降りたら，買いものをする時間はないでしょう。
Question: What do we learn about the airport?	質問：空港についてわかることは何ですか。

選択肢の和訳

① 第1ターミナルにはお土産を買える店がありません。
② 第2ターミナルは国際線用です。
③ 第1ターミナルではお土産を買うことができます。
④ 空港にはバスか電車でしか行くことができません。

　He needs to get off at Terminal 2 as he is getting an international flight.（彼は国際線に乗るので，第2ターミナルで降りる必要があります。）より，答えは②。第1ターミナルでお土産を買えるかどうかについては言及がないので①や③は不適切。

Lesson 6

(2) ③

🔊 map, world, New Zealand の語尾に余分な母音が入っていないことに注意しましょう。また，「オーストラリア」は aus-TRAL-ia（● ● ●），「ニュージーランド」は new ZEA-land（● ● ●）という強弱にも注意して聞いてみましょう。

スクリプト	和訳
Sakura has found an interesting map from Australia. It is called a south-up map and shows the world, but with Antarctica, Australia and New Zealand at the top. Sakura thought the earth looked very different. Question: What is true about this map?	サクラはオーストラリアの興味深い地図を見つけました。それは「南が上」の地図と呼ばれ，世界を示しているのですが，南極，オーストラリア，ニュージーランドが上になっているのです。サクラは世界がとても違って見えると思いました。 質問：この地図について正しいものはどれですか。

選択肢の和訳
① オーストラリアが地図の中心にある。
② ヨーロッパが地図の中心にある。
③ 日本がオーストラリアより下にある。
④ 東が西より高いところにある。

It is called a south-up map and shows the world, but with Antarctica, Australia and New Zealand at the top.（それは「南が上」の地図と呼ばれ，世界を示しているのですが，南極，オーストラリア，ニュージーランドが上になっているのです。）より，この地図は南北が逆さまになった地図だとわかるので，答えは③。

(3) ③

🔊 spoons の子音のかたまり sp や，puts の語尾に余分な母音が入らないことに注意しましょう。

スクリプト	和訳
Mana washes the dishes in a restaurant. She says that cups and plates are easy to clean. Knives, forks and spoons are also very easy, and she puts all these in a machine. But glasses are difficult because they sometimes break. She must clean these by herself. Question: What does Mana do in the restaurant?	マナはレストランで皿を洗います。彼女はカップとお皿はきれいにするのが簡単だと言います。ナイフ，フォーク，スプーンもとても簡単で，彼女はこれらを全部機械に入れます。しかし，グラスは割れることがあるので難しいです。彼女は，これらは自分で洗わなければなりません。 質問：マナはレストランで何をしますか。

選択肢の和訳

① 皿をいくつか割る。
② 食べものを皿に乗せる。
③ ナイフ，フォーク，スプーンを機械に入れる。
④ カップを手で洗う。

　Knives, forks and spoons are also very easy, and she puts all these in a machine.（ナイフ，フォーク，スプーンもとても（洗うのが）簡単で，彼女はこれらを全部機械に入れます。）と言っているので，答えは③。手で洗うのはカップではなくグラスなので④は不正解。

4 (1)⑦ (2)⑦ (3)⑧ (4)③ (5)②

◀ 「ホ・ワ・イ・ト」（4つ）と white（1つ）は，日本語と英語で音のかたまりの数が違うことに注意して聞きましょう。また，green，grey，brown，black，blue の子音のかたまり gr，br，bl で余分な母音が発音されないことにも注意しましょう。

スクリプト	和訳
W: What color car should we buy next? I'm sick of white.	W：次は何色の車を買うのがいいかしら。白には飽きたわ。
M: You're right! Mary has a white car, too.	M：そうだね！　メアリーも白い車を持っているし。
W: Yes, and also Jack. I guess it's the most popular color.	W：そうよ，そしてジャックもね。一番人気の色なのでしょうね。
M: I read that almost 25% of cars are white as people think white cars are safer.	M：読んだところによると，人々は白い車はより安全だと思っているから，25パーセント近くの車が白なんだって。
W: I think yellow is better in terms of safety. Probably that's why Tom chose his color.	W：安全性について言えば黄色の方がいいと思うわ。トムがその色を選んだのは多分それが理由ね。
M: Seriously? There's no way I'm buying a yellow car like his. Even green or orange would be better.	M：本当かい？　彼のみたいな黄色い車を買うなんて僕にはあり得ないな。緑かオレンジの方がまだいいよ。
W: Doesn't Cathy have an orange car?	W：キャシーはオレンジ色の車を持っていない？
M: No, it's brown.	M：いや，茶色だよ。
W: Well, how about silver? People say it's the easiest color to keep clean.	W：じゃあ，シルバーはどう？　きれいに保つのが一番簡単な色らしいわよ。
M: Hmmm. I can't really see much difference between white and silver, to be honest.	M：うーん。正直，白とシルバーではあまり違いがあるとは思えないんだ。

W: You're right. Well, we can go for black, or maybe grey or blue. M: Not blue like Lisa's, right? W: No, that's way too bright. Something a little darker. M: Okay. Dark blue sounds good.	W：そのとおりね。じゃあ，黒にするか，グレーか青ね。 M：リサのような青じゃないよね。 W：ええ，あれは明るすぎよ。もう少し暗いのにしましょう。 M：いいよ。濃い青はよさそうだ。

選択肢の和訳

① 黒　② 青色　③ 茶色　④ 緑色　⑤ 銀色　⑥ オレンジ色　⑦ 白　⑧ 黄色

　　男性の1つ目の発言 Mary has a white car（メアリーは白い車を持っている）と続く女性の発言 and also Jack（ジャックも）より(1) Mary と(2) Jack は⑦白。女性の3つ目の発言 I think yellow is better in terms of safety. Probably that's why Tom chose his color.（安全性について言えば黄色の方がいいと思うわ。トムがその色を選んだのは多分それが理由ね。）より(3) Tom は⑧黄色。次の女性の発言 Doesn't Cathy have an orange car?（キャシーはオレンジ色の車を持っていない？）に男性は No, it's brown.（いや，茶色だよ。）と答えているので，(4) Cathy は③茶色。男性が6つ目の発言で blue like Lisa's（リサのような青）と言っているので，(5) Lisa は②青色。

Step2 Let's Speak!

答え

1 (1)② (2)④ (3)① **2** A⑥ B③ C⑤

解説

1 (1)②

🔊 golf（× golfう）　余分な母音が入らないように注意して発音しましょう。

スクリプト	和訳
What do you usually do in your free time?	普段，暇な時には何をしますか。

選択肢の和訳

① 1週間に3回行きます。

② ゴルフをするのが好きです。

③ 普段は学校が始まる前にそれをします。

④ 学校では昼食の時間が50分あります。

　　暇な時にすることを聞かれているので，趣味を答えている②が正解。

(2) ④

🔊 RES-tau-rant（● ● ●）　音の強弱に注意して発音しましょう。

スクリプト	和訳
How will you celebrate your birthday?	どのようにしてあなたの誕生日を祝う予定ですか。

選択肢の和訳
① 私は昨年はテレビゲームをいくつか買いました。
② 先週パーティーに行きました。
③ 11 月 21 日です。
④ 家族がレストランに連れて行ってくれます。

　「誕生日をどのように祝うか」と未来の予定について聞かれているので，家族がレストランに連れて行ってくれるという予定を答えている④が正解。

(3) ①

🔊 books, comics（× book うsう，comic うsう）　余分な母音が入らないように注意して発音しましょう。

スクリプト	和訳
Do you prefer books or comics?	本とマンガではどちらの方が好きですか。

選択肢の和訳
① 私は本もマンガも大好きです。
② 来週，新しいマンガを買うつもりです。
③ 日本のマンガは世界中で読まれています。
④ 私の学校の図書館にはたくさんの本があります。

　「本とマンガではどちらの方が好きか」と聞かれているので，「両方大好きだ」と答えている①が正解。

2 A⑥　B③　C⑤

🔊 subject, teach, class, week, club（ × sub うject お，teach い，c うlass う，week う，club う）　余分な母音が入らないように注意して発音しましょう。

選択肢の和訳
① 学校に車で来ますか，電車で来ますか。
② 毎日，どのくらいの時間宿題をチェックしますか。
③ 週に何時間，授業を受け持っていますか。
④ 各クラスに何人の生徒がいますか。

⑤ 何部を担当していますか。

⑥ 何の教科を教えていますか。

A は教えている教科をたずねている⑥が正解。B は週に何回授業があるかをたずねている③が正解。C は何部を担当しているかをたずねている⑤が正解。

スクリプト	和訳
W: Hello, may I ask you some questions?	W：こんにちは，いくつか質問をしてもいいですか。
M: Sure.	M：もちろん。
W: Which subject do you teach?	W：何の教科を教えていますか。
M: I teach science. Actually, physics, to be specific.	M：理科です。実際は，具体的に言うと物理です。
W: How many classes do you have in a week?	W：週に何時間，授業を受け持っていますか。
M: I have ten classes for the second years, and seven for the third years, so seventeen classes in total.	M：2 年生に 10 時間，3 年生に 7 時間授業をしているので，合計 17 時間です。
W: Which club are you in charge of?	W：何部を担当していますか。
M: I'm in charge of the volleyball club. I'm not good at sports, but I think the knowledge of physics is useful when you plan volleyball practice sessions.	M：バレーボール部の担当です。スポーツは得意ではないのですが，バレーボールの練習の計画を立てる時に物理学の知識が役に立つと思っています。

Lesson 7 つながる音

問題冊子 p.49／
音声はこちらから➡

Training

🔊 take out と発音する時，take と out の下線部がつながって「カウ」のように発音されます。同じように instead of, look after, stand up の音のつながりに注意して発音しましょう。

Step1 練習問題

答え
(1) ④ (2) ② (3) ②

解説

(1) ④

🔊 put on の音のつながりに注意しましょう。

スクリプト	和訳
W: John, are you coming to the party tonight?	W：ジョン，今夜のパーティーには来るつもり？
M: Yes, just give me a moment. I need to put on my new shirt.	M：うん，ちょっと待って。新しいシャツを着なきゃ。
W: Are you going to wear a tie?	W：ネクタイをしていくの？
M: I think it's a little warm for that. I'll leave my jacket, too.	M：それにはちょっと暑いかな。ジャケットも置いていくよ。

設問文の和訳

ジョンは次に何をするでしょうか。

選択肢の和訳

① 新しいジャケットを買う。② パーティーを開く。③ ネクタイをする。④ シャツを着る。

男性は Yes, just give me a moment. I need to put on my new shirt. （ちょっと待って。新しいシャツを着なきゃ。）と言っているので，男性が次にすることは④。

(2) ②

🔊 turn around, back is の音のつながりに注意して聞いてみましょう。

スクリプト	和訳
M: Are you ready yet, Lisa?	M：もう準備はいい，リサ？

W: Yes, I'm going to open the curtain now.	W：ええ，今カーテンを開けるわよ。
M: Oh, it suits you. I think the dress looks nice.	M：ああ，それは君に似合うよ。そのドレスは素敵だと思うよ。
W: I'll just turn around. Tell me if the back is too short.	W：ちょっと後ろを向くわね。後ろが短かすぎたら教えて。

リサは何をするつもりでしょうか。

選択肢の和訳

① 男性にスーツを買う。② 後ろ姿を見せる。③ 新しいドレスを探す。④ カーテンを開ける。

I'll just turn around. Tell me if the back is too short.（ちょっと後ろを向くわね。後ろが短かすぎたら教えて。）という女性の最後の発言から，答えは②。

(3) ②

🔊 door open の音のつながりに注意して聞いてみよう。

スクリプト	和訳
M: Hi, Emma. What's up?	M：もしもし，エマ。どうしたの？
W: Are you at home or have you gone out?	W：あなたは家にいる？　それとも出かけちゃった？
M: I'm just visiting my friend, Oliver. Why?	M：友だちのオリバーの家に来ているところだよ。どうして？
W: I came by your house and saw that you had left your door open.	W：あなたの家のそばを通りかかったんだけど，ドアが開けっぱなしよ。

設問文の和訳

問題は何でしょうか。

選択肢の和訳

① オリバーが家にいない。　② 男性が家のドアを閉めるのを忘れた。
③ 女性がオリバーを好きではない。　④ 女性が家にいない。

男性に電話をかけている理由を女性は I came by your house and saw that you had left your door open.（あなたの家のそばを通りかかったんだけど，ドアが開けっぱなしよ。）と答えているので，答えは②。

Training

答え

(1) put on　(2) turn around　(3) door open

🔊 音のつながりに注意して発音してみましょう。

(1) I need to put on my new shirt.

(2) I'll just turn around.

(3) You had left your door open.

英文の訳

(1) 新しいシャツを着る必要があります。

(2) 少し後ろを向きます。

(3) あなたはドアを開けっ放しにしました。

Step2 実戦問題

答え

1 (1)③ (2)① (3)② **2** (1)① (2)③ (3)③

3 (1)Q1 ④ Q2 ② (2)Q1 ④ Q2 ② (3)Q1 ② Q2 ③

解説

1 (1)③

🔊 good evening, good afternoon の音のつながりに注意して聞いてみましょう。

スクリプト	和訳
① The boy is saying "good morning".	① 男の子は「おはよう」と言っています。
② The teacher is saying "good evening".	② 先生は「こんばんは」と言っています。
③ The boy is saying "good afternoon".	③ 男の子は「こんにちは」と言っています。

　男の子が教室であいさつをしていて，時計は1時を指しているので，答えは③。

(2)①

🔊 woman is interested in の音のつながりに注意して聞いてみましょう。

スクリプト	和訳
① The woman is interested in the house.	① 女性はその家に興味を持っています。
② The man doesn't like the house.	② 男性はその家が気に入りません。
③ The woman is helping the man to leave his house.	③ 女性は男性が家を出るのを手伝っています。

　女性は「売り出し中（FOR SALE）」の家を指し示していることから，この家に興味を持っていると考えられるので，答えは①。

(3) ②

🔊 goal is, far away の音のつながりに注意して聞いてみましょう。

スクリプト	和訳
① The boy has just scored a goal.	① 男の子はゴールを決めたところです。
② The goal is too far away.	② ゴールは遠すぎます。
③ The basketball game will begin soon.	③ バスケットボールの試合はもうすぐ始まるでしょう。

　男の子はゴールから離れた場所にいて焦っているので，答えは②。ゴールを決めてはいないので①は不適切。

2 (1) ①

🔊 bad idea, plan our, clear up, after our の音のつながりに注意して聞いてみましょう。

スクリプト	和訳
M: It was a bad idea to plan our picnic for Saturday.	M：土曜にピクニックの予定を立てたのは間違いだったな。
W: You're right. We'll probably need umbrellas.	W：そうね。多分傘がいるわ。
M: It says the weather will get worse from Friday.	M：天気は金曜から悪くなるらしい。
W: But it will clear up the day after our picnic. Great!	W：でもピクニックの次の日は晴れるようね。まったくもう。
Question: Which of the following weather forecasts matches the conversation?	質問：会話に合っているのは次の天気予報のうちどれですか。

　最初の男性の発言 It was a bad idea to plan our picnic for Saturday.（土曜にピクニックの予定を立てたのは間違いだった。）と，次の女性の発言 We'll probably need umbrellas.（多分傘がいる。）より土曜は雨の予報らしいとわかります。さらに次の男性の発言 the weather will get worse from Friday（天気は金曜から悪くなるらしい）と女性の最後の発言 it will clear up the day after our picnic（ピクニックの次の日から晴れる）より金曜から土曜が雨，翌日の日曜が晴れになっている①が正解。

(2) ③

🔊 in front of, on top of の音のつながりに注意して聞いてみましょう。

スクリプト	和訳
W: You have so many cats. Which one is Charlie?	W：とてもたくさんのネコを飼っているのね。どの子がチャーリー？
M: This one here, in front of the table.	M：この子だよ。テーブルの前の。

W: You mean the one by the sofa?	W：このソファのそばにいる子？
M: No, this one, on top of the book.	M：いや，本の上のこの子だよ。
Question: Which of these cats is Charlie?	質問：どのネコがチャーリーですか。

男性は this one, on top of the book（本の上のこのネコだよ）と答えているので③が正解。

(3) ③

🔊 takes a，set up，log on，start up again の音のつながりに注意して聞いてみましょう。

スクリプト	和訳
W: We need a simple computer for grandma to use.	W：おばあちゃんが使うのにシンプルなコンピューターが必要よ。
M: This one seems to be the best. It takes a while to set up, though.	M：これが一番よさそうだよ。設定に時間がかかるけど。
W: Well, we can do that for her. It's good that it is easy to log on, and it's not too expensive.	W：まあ，それは私たちでやってあげられるわ。ログオンするのが簡単で，そんなに高くないところがよいわね。
M: Yeah, and if something does go wrong, it is quick to start up again, too.	M：うん，それに何か失敗したとしても，再起動も速いよ。
Question: Which of these computers are they thinking about?	質問：彼らが考えているコンピューターはどれですか。

男性は最初に This one seems to be the best.（これが一番よさそう。）と言いつつ，It takes a while to set up（設定に時間がかかる）と問題点を挙げています。それに対して，女性は次の発言で，「設定は自分たちでやってあげられる」と答えたあと，そのコンピューターのよい点として it is easy to log on（ログオンするのが簡単）と it's not too expensive（そんなに（値段が）高くない）を挙げています。さらに男性は最後の発言で it is quick to start up again（再起動が速い）と言っているので，彼らが買おうとしているコンピューターは，Set up time は長いが，Easy to log on の評価が高く，Restart time が短く，Price が高すぎないものだと考えられます。よって答えは③。

3 (1)

🔊 looking at，take away，food in English，as well as，fish and chips，take away などの音のつながりに注意して聞きましょう。

スクリプト	和訳
In today's English culture class, we're looking at take away food in English-	今日の英語文化の授業では，英語圏の国々での持ち帰り食品を見ていきます。アメリ

speaking countries. In the United States, the most popular take out is, not surprisingly, hamburgers and fries. Although there is a lot of competition from pizza, fried chicken and sandwiches, the burger remains number one on the list. In the UK, as well as Australia and New Zealand, the old favorite, fish and chips, is still the number one food to take away. Even with the rise of so many coffee chains, these traditional favorites are hard to beat and will probably be the soul food of these nations for many years to come.

カで最も人気のテイクアウト食品は，驚くにあたりませんが，ハンバーガーとフライドポテトです。ピザ，フライドチキン，サンドイッチとの激しい競争の中で，バーガーはナンバーワンを維持しています。イギリスでは，オーストラリア，ニュージーランドと同様に，昔から人気のあるフィッシュアンドチップスが今でも持ち帰り食品のナンバーワンです。非常にたくさんのコーヒーチェーンが台頭している中でも，これらの昔ながらの人気品目に打ち勝つのは難しく，おそらく今後何年もこれらの国々のソウルフードであり続けるでしょう。

Q1 ④

設問文の和訳
授業のトピックは何ですか。

選択肢の和訳
① イギリス文化対アメリカ文化。　　② 世界中の食べもの。
③ テイクアウト食品のオーダー方法。　④ 英語圏の持ち帰り食品。

　　In today's English culture class, we're looking at take away food in English-speaking countries.（今日の英語文化の授業では，英語圏の国々での持ち帰り食品を見ていきます。）から④が正解。アメリカとイギリスの持ち帰り食品を例に挙げてはいますが，イギリス文化とアメリカ文化を比べているわけではないので①は不適切。世界中の食品や，テイクアウト食品のオーダー方法については何も述べていないので②と③も不適切。

注 take away（＝ take out（米）） イギリス英語では「テイクアウトする」を take away で表す。

Q2 ②

設問文の和訳
ニュージーランドで最も人気のある持ち帰り食品は何ですか。

選択肢の和訳
① コーヒーとドーナツ。　　　　② フィッシュアンドチップス。
③ ハンバーガーとフライドポテト。　④ ピザとフライドチキン。

In the UK, as well as Australia and New Zealand, the old favorite, fish and chips, is still the number one food to take away.（イギリスでは，オーストラリア，ニュージーランドと同様に，昔から人気のあるフィッシュアンドチップスが今でも持ち帰り食品のナンバーワンです。）より②が正解。

(2)

🔊 take of ourselves, friends and families, post on, take a lot, than in, pose at an angle, nose and cheek などの音のつながりに注意して聞きましょう。

スクリプト	和訳
We are in the age of the "selfie" ── the pictures we take of ourselves, often with friends and families, to post on social media sites. This means we take a lot more pictures than in the past, and it's important to know how to take a good picture. A lot of people try to look straight at the camera. However, if you do this, your face can look wider as there is no shadow. Try to pose at an angle, so that you get some shadow on your nose and cheek. Smile with your teeth showing and make sure to hold a pose with your chin down. If you follow these simple steps, you'll take selfies like a pro.	私たちは「自撮り写真」──ソーシャルメディアサイトに投稿するために，しばしば友だちや家族と一緒に，自分で自分を撮る写真──の時代にいます。このことは私たちが昔よりずっとたくさんの写真を撮っていることを意味するので，上手な写真の撮り方を知ることは重要です。多くの人々はカメラをまっすぐ見ようとします。しかし，こうすると影がないので顔がより大きく見える可能性があります。角度をつけてポーズしてみてください。そうすると鼻とほおに影ができます。歯を見せて微笑み，あごを引いてポーズをとるようにしてください。この簡単なステップに従えば，プロのような自撮り写真が撮れるでしょう。

Lesson 7

Q1 ④

設問文の和訳
話によると，私たちは最近何をすることが増えていますか。

選択肢の和訳

① ソーシャルメディアを見る。　② 友だちや家族と話す。
③ 写真の撮り方を学ぶ。　④ 自分の写真を撮る。

We are in the age of the "selfie" ── the pictures we take of ourselves, often with friends and families, to post on social media sites. This means we take a lot more pictures than in the past（私たちは「自撮り写真」──ソーシャルメディアサイトに投稿するために，しばしば友だちや家族と一緒に，自分で自分を撮る写真──の時代にいます。このことは私たちが昔よりずっとたくさんの写真を撮っていることを意味します）より，④が正解。

Q2 ②

なぜ，顔に角度をつけたほうがよいのですか。

選択肢の和訳

① カメラを見やすくなるから。　　② 影ができるから。
③ あごを引いて微笑むことができるから。　　④ 顔がより大きく見えるから。

　　角度をつけず，まっすぐカメラを向いてしまうことによる問題について，your face can look wider as there is no shadow（影がないので顔がより大きく見える可能性があります）と説明されています。この説明に続けて，Try to pose at an angle, so that you get some shadow on your nose and cheek.（角度をつけてポーズしてみてください。そうすると鼻とほおに影ができます。）と書かれているので，②が正解。

(3)

🔊 the Big apple, New Orleans is, known as, the Big Easy, names into, The City of Angels, Los Angeles などの音のつながりに注意して聞いてみましょう。

スクリプト	和訳
Nicknames for cities are common around the world, but perhaps nowhere more so than in the United States. While most people know that the Big Apple refers to New York, other nicknames are less well known. For instance, New Orleans is known as the Big Easy, due to the relaxed lifestyle of the city. Other cities' nicknames come from translating names into English. The City of Angels is a nickname for Los Angeles, as this Spanish name means "the Angels". On the east coast, Philadelphia is often called the City of Brotherly Love, which is one way of translating the Greek *philos*, which means love and *adelphos*, which means brother.	都市のニックネームは世界中でよく見られますが，おそらくアメリカよりも普及しているところはどこにもないでしょう。ほとんどの人は Big Apple がニューヨークを指すことを知っていますが，他のニックネームはそれほど知られていません。例えば，ニューオーリンズはその都市のくつろいだ生活スタイルから Big Easy として知られています。ニックネームが名前の英訳に由来する都市もあります。City of Angels がロサンゼルスのニックネームになっているのは，この（ロサンゼルスという）スペイン語の名前が "Angels"（天使）を意味するからです。東海岸ではフィラデルフィアがよく City of Brotherly Love と呼ばれますが，それはギリシア語で love（愛）を意味する philos と brother（兄弟）を意味する adelphos の 1 つの訳し方です。

Q1 ②

設問文の和訳
the Big Easy として知られているのはどの都市ですか。

選択肢の和訳
① ロサンゼルス。　② ニューオーリンズ。　③ ニューヨーク。　④ フィラデルフィア。

　　New Orleans is known as the Big Easy（ニューオーリンズは Big Easy として知られています）より，答えは②。

Q2 ③

設問文の和訳
話によると，いくつかのニックネームはどのように作られていますか。

選択肢の和訳
① その都市で食べられている食べものによって。
② 東や西など，その都市の所在地によって。
③ 英語以外の言葉を英訳することによって。
④ 英語の名前を外国語に置き換えて使うことによって。

　　Other cities nicknames come from translating names into English.（ニックネームが名前の英訳に由来する都市もあります。）と述べ，ロサンゼルスとフィラデルフィアのニックネームが，それぞれ都市名のスペイン語とギリシア語を英訳したものであることを紹介している。よって③が正解。

Lesson 7

Training

🔊 問題冊子に示されたように，音のつながりに注意して発音してみましょう。

英文の訳
❶ 男の子は「こんにちは」と言っています。
❷ 女性はその家に興味を持っています。
❸ ゴールは遠すぎます。
❹ 私たちのピクニックの次の日は晴れるでしょう。
❺ そのネコは本の上にいます。
❻ 設定に時間がかかります。
❼ 英語圏の国々の持ち帰り食品を見ていきます。
❽ 私たちは昔よりずっとたくさんの写真を撮ります。
❾ ニューオーリンズは Big Easy として知られています。

Step³ Let's Speak!

答え

(1) ② (2) ④ (3) ④

解説

(1) ②

🔊 turn on　音のつながりに注意して発音しましょう。

スクリプト	和訳
What is the first thing you do when you wake up each day?	毎日起きた時に最初にすることは何ですか。

選択肢の和訳	
① 7, 8時間寝るようにします。	② ニュースをつけます。
③ たいてい遅く寝ます。	④ 6時ごろ起きます。

　起きて最初にすることを聞かれているので，起きた時にすることを答えている②が正解。

(2) ④

🔊 homework online　音のつながりに注意して発音しましょう。

スクリプト	和訳
Should students use technology more often?	生徒はもっと頻繁にテクノロジーを使った方がいいと思いますか。

選択肢の和訳
① 私はテクノロジーをあまり頻繁に使いません。
② 学校はもっと多くの教科を導入すべきだと思います。
③ いいえ，テクノロジーは私たちの生活に役に立ちます。
④ はい，生徒はもっと多くの宿題をオンラインですることができると思います。

　テクノロジーをもっと頻繁に使うべきかと聞かれているので，「より多くの宿題をオンラインですることができる」という活用の具体例とともに賛成を表している④が正解。

(3) ④

🔊 plastic items　音のつながりに注意して発音しましょう。

スクリプト	和訳
How can we cut down our use of plastic?	私たちはどうすればプラスチックの使用を減らすことができますか。

選択肢の和訳

① プラスチックの値段がもっと安くなるべきです。
② プラスチックが多すぎると環境に悪いです。
③ プラスチックからたくさんの役に立つものを作ることができます。
④ プラスチック製品を捨てるのに，もっとお金を払うべきです。

　プラスチックの使用を減らす方法を聞かれているので，プラスチック製品の廃棄料金をもっと高くするという方法を述べている④が正解。

Training

🔊 音のつながりに注意して発音しましょう。

(1) I turn on the news.
(2) Yes, I think students can do more homework online.
(3) We should pay more to throw away plastic items.

英文の訳

(1) ニュースをつけます。
(2) はい，生徒はもっと多くの宿題をオンラインですることができると思います。
(3) プラスチック製品を捨てるのに，もっとお金を払うべきです。

Lesson 7

Training

🔊 would you, could you, meet you, send you の下線部では，/d/ + /j/（ドゥ＋ユ）→ /dʒ/（ヂュ），/t/ + /j/（トゥ＋ユ）→ /tʃ/（チュ）のように音が変身します。つながって変身する音に注意して発音しましょう。

Step 1
練習問題

答え
(1) ③　(2) ④　(3) ③

解説
(1) ③

🔊 last year の下線部では，/t/ + /j/（トゥ＋ユ）→ /tʃ/（チュ）のようにつながって音が変身します。

スクリプト	和訳
M: How long have you been here in Japan, Ms. Davies?	M：ここ日本にはどのくらいいらっしゃるのですか，デイビーズさん。
W: Well, I came here last year in October.	W：ええと，昨年の10月に来ました。
M: Do you think you'll stay much longer?	M：もっと長く滞在するつもりですか。
W: Well, I have a three-year visa, so I may stay a year or so longer.	W：そうですね，3年のビザを持っているのでもう1年くらいいるかもしれません。

設問文の和訳
デイビーズさんはいつ日本に来ましたか。

選択肢の和訳
① 2年近く前です。　② 今年の8月です。　③ 昨年の秋です。　④ 3年前です。

　女性の I came here last year in October（昨年の10月に来ました）という発言より，③が正解。

(2) ④

🔊 miss you の下線部では, /s/ + /j/（ス＋ユ）→ /ʃ/（シュ）のようにつながって音が変身します。

スクリプト	和訳
M: Have you seen my toothbrush, Mom?	M：お母さん，僕の歯ブラシを見た？
W: I packed it with your soap and shampoo.	W：石けんとシャンプーと一緒に入れたわよ。
M: Okay, then I'm ready to go.	M：わかった。じゃあ行く準備はできたよ。
W: Good timing! The bus is here now. <u>I'll miss you</u>.	W：ちょうどよかった！　バスが来たわよ。寂しくなるわ。

設問文の和訳
男の子の母親は会話のあと，どのように感じるでしょうか。

選択肢の和訳
① 怒っている。　② わくわくしている。　③ うれしい。　④ 寂しい。

女性の I'll miss you.（寂しくなるわ。）という発言より，答えは④。

(3) ③

🔊 lend you, Would you の下線部では, /d/ + /j/（ドゥ＋ユ）→ /dʒ/（ヂュ）のようにつながって音が変身します。

スクリプト	和訳
M: Oh, no. We've got a math test now and I've forgotten my ruler.	M：しまった。今から数学のテストなのに，定規を忘れちゃった。
W: I've got three. <u>I'll lend you</u> one.	W：3つ持ってるわ。1つ貸してあげる。
M: <u>Would you</u>? That's so kind of you.	M：お願いできる？　とてもありがたいよ。
W: Give it back to me after class! Don't forget like last time!	W：授業のあとに返してね！　この前みたいに忘れないでよ！

設問文の和訳
女の子は定規をどうするでしょうか。

選択肢の和訳
① それを買います。② 男の子にあげます。③ 男の子に貸します。④ それを捨てます。

男の子が I've forgotten my ruler（定規を忘れた）と言ったのに対し，女の子は I've got three. I'll lend you one.（3つ持ってるわ。1つ貸してあげる。）と言っています。よって正解は③。

Lesson 8

Training

(1) last year　(2) miss you　(3) lend you

🔊 変身する音に注意して発音してみよう。

(1) I came here last year in October.　（トゥ＋ユ → チュ）

(2) I'll miss you.　（ス＋ユ → シュ）

(3) I'll lend you my ruler.　（ドゥ＋ユ → デュ）

英文の訳

(1) 昨年の 10 月にここに来ました。

(2) 寂しくなります。

(3) 私の定規を貸してあげます。

Step2 実戦問題

答え

1 (1) ③　(2) ①　(3) ②　　**2** (1) ③　(2) ②　(3) ②　　**3** (1) ①　(2) ①　(3) ③

解説

1 (1) ③

🔊 need your の下線部では，/d/ + /j/（ドゥ＋ユ）→ /dʒ/（デュ）のようにつながって音が変身します。

スクリプト	和訳
Michael, I need your help for a minute.	マイケル，ちょっと手伝ってほしいのですが。
① I'll call you back later.	① あとで電話をかけ直します。
② It's about ten o'clock.	② 10 時ごろです。
③ Sure! What can I do?	③ もちろん！何をすればいいですか？

　I need your help（あなたの助けが必要です）と言っているので，要請に応じている③が正解。

(2) ①

🔊 was used の下線部では，/z/ + /j/（ズ＋ユ）→ /ʒ/（ジュ）のようにつながって音が変身します。

スクリプト	和訳
Do you know when the barbecue grill	前回バーベキューグリルを使ったのはいつ

60

was used the last time?	だったかわかりますか。
① Thomas had a barbecue last week.	① トーマスが先週バーベキューをしました。
② Let's bring some food for the barbecue.	② バーベキュー用に食べものを持って行きましょう。
③ We might have to cancel it tonight.	③ 今夜それをキャンセルしなければならないかもしれません。

　バーベキューグリルを使ったのはいつかと聞かれているので，誰がいつ使ったかを答えている①が正解。

(3) ②

🔊 Could you, lend your の下線部では，/d/ + /j/（ドゥ＋ユ）→ /dʒ/（デュ）のようにつながって音が変身します。

スクリプト	和訳
Could you lend your tent to me on the weekend?	週末にテントを貸していただけますか。
① I'm going to play tennis with my friends.	① 友だちとテニスをするつもりです。
② I'll just get it out for you.	② それをあなたのために出してきましょう。
③ It's big enough for four people.	③ 4人で使うのに十分大きいです。

　テントを貸してほしいと頼まれているので，I'll just get it out for you.（それをあなたのために出してきましょう。）と言って応じている②が正解。

2 (1) ③

🔊 had your の下線部では，/d/ + /j/（ドゥ＋ユ）→ /dʒ/（デュ）のようにつながって音が変身します。

スクリプト	和訳
W: Jake, Ms. Benson had your tablet.	W：ジェイク，ベンソン先生があなたのタブレットを持っていたわよ。
M: I've been looking all over for it.	M：あちこち探していたんだよ。
W: Where are you now? She says she'll be in her classroom for ten minutes. Then she'll put it into the locker.	W：今どこにいるの？　先生は10分間教室にいるそうよ。そのあとはロッカーに入れておくって。
M: I'm in the park just outside the school. I'll go see her now.	M：学校のすぐ外の公園にいるんだ。今から先生に会いに行くよ。

Lesson 8

ジェイクのタブレットは今どこにありますか。

　女性が Jake, Ms. Benson had your tablet.（ジェイク，ベンソン先生があなたのタブレットを持っていたわよ。），She says she'll be in her classroom for ten minutes.（先生は 10 分間教室にいるそうよ。）と言っているので，ジェイクのタブレットを持ったベンソン先生は今，教室にいると判断できる。よって正解は③。

(2)②

🔊 **Is your** の下線部では，/z/ + /j/（ズ＋ユ）→ /ʒ/（ジュ）のようにつながって音が変身します。

スクリプト	和訳
M: Sophie! I called you several times!	M：ソフィー！　何回も電話したんだよ！
W: Oh, sorry. I didn't notice. What was it?	W：ああ，ごめんなさい，気がつかなかった。何？
M: It's two-fifteen now. I've been waiting for twenty minutes.	M：今 2 時 15 分だよ。20 分間待っていたんだよ。
W: **Is your** watch wrong? Maybe it's fast by about fifteen minutes. Here, look!	W：あなたの時計がおかしいのかしら？　たぶん 15 分くらい進んでいるわよ。ほら，見て！
M: Oh, sorry.	M：ああ，ごめん。

今何時ですか。

　男性の It's two-fifteen now.（今 2 時 15 分だよ。）に対し，女性は Is your watch wrong? Maybe it's fast by about fifteen minutes.（あなたの時計がおかしいのかしら？　たぶん 15 分くらい進んでいるわよ。）と言っているので，今の時刻は 2 時。よって答えは②。

(3)②

🔊 **want you** の下線部では，/t/ + /j/（トゥ＋ユ）→ /tʃ/（チュ）のようにつながって音が変身します。

スクリプト	和訳
M: What's this money for?	M：このお金は何のため？
W: I **want you** to buy some milk and eggs for me.	W：牛乳と卵を買ってきてほしいの。
M: I'm just going to the park with my friends.	M：友だちと公園に行くところなんだよ。
W: I'm not in a hurry. You can stop at	W：急いでいないわ。帰り道に駅の近くの

| the store near the station on your way back. | 店に寄れるでしょ。 |

設問文の訳

女性は男の子にどこに行ってもらいたいのですか。

女性は I want you to buy some milk and eggs for me.（牛乳と卵を買ってきてほしいの。）と男の子に買いものを頼み, You can stop at the store near the station on your way back.（帰り道に駅の近くの店に寄れるでしょ。）と言っているので答えは②。公園は男の子がこれから行くところですが, 女性が行ってほしいところではないので不正解。

3 (1) ①

🔊 as you の下線部では, /z/ + /j/（ズ＋ユ）→ /ʒ/（ジュ）のようにつながって音が変身します。

スクリプト	和訳
M: What are you going to do now?	M：君はこれからどうする？
W: I'm going to get something for Mom as a souvenir.	W：お母さんに何かお土産を買うつもりなの。
M: Well, maybe you should look for something small, as you don't have much space in your luggage.	M：そうだな, 君のかばんにはあまりスペースがないから, 何か小さいものを探した方がいいだろうね。

選択肢の和訳

① そうね。石けんを買おうかしら。

② ええと, 彼女の荷物は重すぎるのではないかしら。

③ ええ, 彼女は日本のお菓子はあまり好きではないわね。

お土産を買いたいと言う女性に対し, 男性が maybe you should look for something small, as you don't have much space in your luggage（君のかばんにはあまりスペースがないから何か小さいものを探した方がいいだろう）と言っているので正解は①。

(2) ①

🔊 Had you の下線部では, /d/ + /j/（ドゥ＋ユ）→ /dʒ/（ヂュ）のようにつながって音が変身します。

スクリプト	和訳
M: Your Japanese is fantastic, Jemma. You can read *kanji*, too!	M：君の日本語はすばらしいね。ジェマ。漢字も読めるんだね！
W: Thank you, Hiro. You are very kind.	W：ありがとう, ヒロ。とても優しいのね。

| M: Had you studied Japanese much before you came here? | M：ここに来る前に日本語をたくさん勉強していたの？ |

選択肢の和訳

① 少しね。でも基本的な単語だけよ。
② 日本語は学ぶのがかなり難しいわ。
③ あなたは漢字をたくさん勉強してきたのね。

　日本に来る前に日本語をたくさん勉強したのかという男性の質問に対して，勉強した程度を答えている①が正解。

(3) ③

🔊 want you の下線部では，/t/ + /j/（トゥ＋ユ）→ /tʃ/（チュ）のようにつながって音が変身します。

スクリプト	和訳
W: Make sure you practice well before the concert next week. M: I'm going to practice for one hour after dinner every day. W: That's great! I want you to be confident on the stage.	W：来週のコンサートまでによく練習しておくようにね。 M：毎日夕食後に１時間練習するつもりです。 W：すばらしいわ！　ステージでは自信を持ってね。

選択肢の和訳

① 今夜は練習したくありません。
② たくさんミスをしてしまいました。
③ できる限りがんばります。

　コンサートの演奏に向けて「自信を持ってほしい」と言う相手の言葉に適切な応答は③の「できる限りがんばります」。

Training

🔊 変身する音に注意して発音してみましょう。

英文の訳

❶ 牛乳と卵を買ってきてほしいです。
❷ ステージでは自信を持ってほしいです。
❸ ちょっと手伝ってほしいのですが。
❹ テントを貸していただけますか。
❺ ベンソン先生があなたのタブレットを持っていました。
❻ ここに来る前に日本語をたくさん勉強していたのですか。

❼ バーベキューグリルは先週使われました。

❽ あなたの時計がおかしいのでしょうか。

❾ あまりスペースがないので，何か小さいものを探した方がよいです。

Step 3 Let's Speak!

答え

A ⑥　B ④　C ③

解説

🔊 did you（ドゥ＋ユ → デュ）つながって変身する音に注意して発音しましょう。

選択肢の和訳

① 今あなたが一番好きなことについて話してもらえますか。

② 学校ではテニスを上手にできましたか。

③ 幼い頃は何になりたかったですか。

④ 放課後，何をするのが好きでしたか。

⑤ お金をたくさん持っていたら何をしたいですか。

⑥ 子どもの頃はどこに住んでいましたか。

A は子どもの頃どこに住んでいたかをたずねている⑥が正解。B は放課後何をするのが好きだったかをたずねている④が正解。C は子どもの頃に何になりたかったかをたずねている③が正解。

Lesson 8

スクリプト	和訳
M: Hello, may I ask you some questions about when you were young?	M：こんにちは，小さい頃のことについていくつか質問をしてもいいですか。
W: Sure.	W：もちろん。
M: Where did you live when you were a child?	M：子どもの頃はどこに住んでいましたか。
W: I used to live in Singapore when I was small. My family moved to Japan for my father's job.	W：小さい頃はシンガポールに住んでいました。父の仕事のために家族で日本に引っ越してきました。
M: What did you like to do after school?	M：放課後は何をするのが好きでしたか。
W: I liked playing soccer with friends from different schools. We gathered once a week to practice with a coach.	W：他の学校の友だちとサッカーをするのが好きでした。週に一度集まって，コーチと一緒に練習していました。
M: What did you want to be when you were young?	M：幼い頃は何になりたかったですか。

W: I wanted to be a teacher. My grandparents were teachers, and they really enjoyed teaching. I wanted to be like them.

W：私は教師になりたかったです。祖父母が教師で，教えることを本当に楽しんでいました。私は彼らのようになりたかったのです。

Training

📢 つながって変身する音に注意して発音しましょう。

(1) Where did you live when you were a child? （ドゥユ → デュ）

(2) What did you like to do after school? （ドゥユ → デュ）

(3) What did you want to be when you were young? （ドゥユ → デュ）

英文の訳

(1) 子どもの頃はどこに住んでいましたか。

(2) 放課後は何をするのが好きでしたか。

(3) 幼い頃は何になりたかったですか。

Training

🔊 nex(t) door, a ho(t) day, a goo(d) day, ho(t) tea のように，似た音や同じ音が連続すると音の脱落が起こります。注意して発音してみましょう。

Step1 練習問題

答え

(1)② (2)③ (3)①

解説

(1)②

🔊 ta(ke) care のように，連続する音が脱落します。音の脱落に注意しましょう。

スクリプト	和訳
W: There! I think that is the last thing to pack. M: Have you got your passport? W: Yes. It's here, in my pocket. M: Great. Well, have a safe trip and take care!	W：さてと！　荷物に入れるものはそれで最後だと思う。 M：パスポートは持った？ W：ええ。ここよ，ポケットの中。 M：よし。じゃあ，旅の安全と体に気をつけて行ってらっしゃい。

設問文の和訳

男性は女性が何をすることを望んでいますか。

選択肢の和訳

① パスポートを申請する（こと）。　② 健康に気をつける（こと）。
③ 持ちものの荷造りをする（こと）。　④ 旅行の計画をする（こと）。

　男性は take care（体に気をつけて）と言っているので，②が正解。

(2)③

🔊 wan(t) to のように，連続する音が脱落します。音の脱落に注意しましょう。

スクリプト	和訳
M: Look at this ring! It's nice, right? W: It's okay, but I prefer this bracelet.	M：この指輪を見て！　素敵じゃない？ W：悪くないけど，このブレスレットの方がいいわ。

M: Shall we get it?	M：それを買おうか？
W: It's pretty, but I don't want to buy it.	W：きれいだけど，買いたくはないわ。

設問文の和訳

女性は何をするでしょうか。

選択肢の和訳

① 値下げを要求します。　　　　　　② そのブレスレットを買います。
③ 指輪もブレスレットもどちらも買いません。　④ 男性のためにその指輪を買います。

　　指輪が素敵だと言う男性に対して，女性は I prefer this bracelet（このブレスレットの方がいい）と言っていますが，男性の Shall we get it?（それを買おうか？）という発言に対しては，女性は I don't want to buy it（買いたくはない）と答えています。女性は指輪とブレスレットのどちらも買わないと考えられるので，正解は③。

(3) ①

　🔊 kee(p) practicing のように，連続する音が脱落します。音の脱落に注意しましょう。

スクリプト	和訳
M: You're getting much better at serving, Lily.	M：サーブがずいぶんうまくなってきたよ，リリー。
W: Thank you, Mr. Jones.	W：ありがとうございます，ジョーンズ先生。
M: Try to hit the ball with a little more power.	M：もう少し力強くボールを打つようにしてごらん。
W: Sure. I'll keep practicing my serve for the rest of the class.	W：わかりました。残りのレッスン時間はサーブの練習を続けます。

設問文の和訳

女の子は何をするつもりですか。

選択肢の和訳

① 同じ活動を続けます。　　　　　② 数分後に帰ります。
③ クラスメートと試合をします。　④ 別のテクニックを試してみます。

　　女の子は最後に I'll keep practicing my serve for the rest of the class.（残りのレッスン時間はサーブの練習を続けます。）と言っているので，正解は①。

Training

答え

(1) take care　(2) want to　(3) keep practicing

🔊 音の脱落に注意して発音してみましょう。

(1) Have a safe trip and ta(ke) care!

(2) I don't wan(t) to buy it.

(3) I'll kee(p) practicing my serve.

英文の訳

(1) 旅の安全と体に気をつけて行ってらっしゃい！

(2) 私はそれを買いたくありません。

(3) サーブの練習を続けます。

Step2

実戦問題

答え

1 (1)③ (2)② (3)① **2** (1)① (2)② (3)③ **3** (1)③ (2)① (3)②

解説

1 (1)③

🔊 ha(d) to, ge(t) to のように, /d/ や /t/ は語末で脱落しやすい音です。音の脱落に注意しましょう。

スクリプト	和訳
Joey had to leave school at five to get to the dentist.	ジョーイは歯医者に行くために5時に学校を出なければなりませんでした。

had to leave school at five（5時に学校を出なければならなかった）と言っているので，③が正解。

(2)②

🔊 firs(t) class のように, /t/ は語末で脱落しやすい音です。音の脱落に注意しましょう。

スクリプト	和訳
Ava was happy that math was the first class on Mondays.	エヴァは数学が月曜日の1限目でうれしかったです。

選択肢の和訳

①

限	月曜	...
1	美術	...
2	英語	...
3	科学	...

②

限	月曜	...
1	数学	...
2	歴史	...
3	科学	...

4	数学	...
(昼食)		
5	体育	...
6	歴史	...

4	体育	...
(昼食)		
5	美術	...
6	英語	...

③

④

限	月曜	...
1	体育	...
2	英語	...
3	科学	...
4	美術	...
(昼食)		
5	数学	...
6	歴史	...

限	月曜	...
1	科学	...
2	歴史	...
3	音楽	...
4	体育	...
(昼食)		
5	美術	...
6	数学	...

math was the first class on Mondays（数学が月曜日の1限目）なので，②が正解。

(3) ①

🔊 finish(ed) reading, jus(t) now のように，/t/ は語末で脱落しやすい音です。音の脱落に注意しましょう。

スクリプト	和訳
John finished reading the newspaper just now.	ジョンは今しがた新聞を読み終わりました。

新聞を読み終わったところだと言っているので，新聞を読み終わってたたんでいる様子の①が正解。

2 (1) ①

🔊 ho(t) dog, withou(t) the のように，/t/ は語末で脱落しやすい音です。音の脱落に注意しましょう。

スクリプト	和訳
W: Are you still serving food? M: Yes, ma'am. What can I get you? W: Just a hot dog without the onions, please.	W：まだ食べものを売っていますか。 M：はい，お客様。何になさいますか。 W：ホットドッグを1つだけ，タマネギ抜きでお願いします。

選択肢の和訳

① マスタードはいりますか。

② すみません，温かい飲みものはありません。

③ 追加のタマネギはいかがですか。

　女性の最後の発言 Just a hot dog without the onions, please.（ホットドッグを1つだけ，タマネギ抜きでお願いします。）に対し，飲みものがないと言っている②や，追加のタマネギを勧めている③は不適切。ホットドッグにつけるマスタードが欲しいかをたずねている①なら自然につながるので，これが正解。

(2) ②

🔊 wha(t) day, nee(d) to のように，/t/ や /d/ は語末で脱落しやすい音です。音の脱落に注意しましょう。

スクリプト	和訳
M: Mrs. Clarke, what day is our test?	M：クラーク先生，テストはいつですか。
W: I told you already. It will be the day after tomorrow.	W：すでに言いましたよ。あさってです。
M: Do we need to study?	M：勉強しなければいけませんか。

選択肢の和訳

① もうテストを受けたのですか。② 合格したいのであればね。③ いいえ，それは次の日です。

　男の子の最初の質問 what day is our test?（テストはいつですか。）に対して，先生は It will be the day after tomorrow.（あさってです。）と返答していることから，男の子の次の質問 Do we need to study?（勉強しなければなりませんか。）はあさってのテストのために勉強すべきかどうかをたずねているとわかります。この質問に対する応答としては「合格したいなら（勉強するべきだ）。」と答えている②が正解。テストはあさってだと言っているので①と③は不適切。

(3) ③

🔊 no(t) common のように，/t/は語末で脱落しやすい音です。音の脱落に注意しましょう。

スクリプト	和訳
W: Look! Over there! It's a kingfisher.	W：見て！　あそこよ！　カワセミがいる。
M: Is that unusual?	M：珍しいの？
W: Well, they're not common around here.	W：ええ，この辺りではあまり見られないわ。

選択肢の和訳

① 僕はこの辺に住んでいたんだ。　② 見えないんだね？　③ 僕たちはラッキーだね。

71

カワセミを見つけた女性に対して，男性が Is that unusual?（それは珍しいの？）とたずね，女性は they're not common around here（この辺ではあまり見られない）と答えています。あまり見られないカワセミを見ているので，男性の応答としては③が正解。

3 (1) ③

🔊 wha(t) did, har(d) drive のように，/t/, /d/ は語末で脱落しやすい音です。音の脱落に注意しましょう。

スクリプト	和訳
W: How's your history report going, Alex?	W：歴史のレポートはどんな具合，アレックス？
M: I couldn't work on it much last week because of my computer. It just stopped working.	M：コンピューターのせいで先週あまり作業ができなかったんだ。動かなくなっちゃったんだよ。
W: That's too bad .... So, what did you do? Did you get a new model?	W：大変だったわね…。それで，どうしたの？ 新しいモデルを買ったの？
M: I just bought a new hard drive. It works fine now.	M：新しいハードドライブだけを買ったんだ。今はちゃんと動くよ。

設問文の和訳

男性はどのようにして問題を解決しましたか。

選択肢の和訳

① 新しいコンピューターを買いました。　② コンピューターを店に返しました。
③ コンピューターの部品を取り換えました。　④ コンピューターを再起動させました。

　男性の I couldn't work on it much last week because of my computer. It just stopped working.（コンピューターのせいで先週あまり作業ができなかったんだ。動かなくなっちゃったんだよ。）から，男性の問題はコンピューターが動かなくなったことだとわかります。そのあとの I just bought a new hard drive. It works fine now.（新しいハードドライブだけを買ったんだ。今はちゃんと動くよ。）から，パソコンのハードドライブを買い換えて解決したことがわかるので，正解は③。

(2) ①

🔊 jus(t) wondered, ha(d) finish(ed) the, sen(d) them のように，/t/, /d/ は語末で脱落しやすい音です。音の脱落に注意しましょう。

スクリプト	和訳
M: Sorry I was out earlier. What was the problem?	M：さっきは不在にしていてすみません。どうかしましたか？
W: It's not a big deal. I just wondered	W：大したことじゃないの。書類はもうで

if you had finished the documents yet. M: I'll get on it right away. W: Okay. Can you send them to me by five?	きたかなと思って。 M：すぐにやります。 W：わかったわ。5 時までに私に送ってくれる？

設問文の和訳

女性は 5 時までに何を望んでいますか。

選択肢の和訳

① 男性から書類を受け取る必要があります。

② 男性に取引をしてもらう必要があります

③ 男性に仕事に戻ってもらいたいと思っています。

④ 男性にメールを何通か書いてもらいたいと思っています。

女性の I just wondered if you had finished the documents yet.（書類はもうできたかなと思って。）に対し，男性が I'll get on it right away.（すぐにやります。）と返答すると，女性は Can you send them to me by five?（5 時までにそれを私に送ってくれる？）と言っています。them は女性の最初の発言の the documents を指すので，①が正解。

(3) ②

🔊 to(p) floor のように，似た音が連続するところでは，音の脱落に注意しましょう。

スクリプト	和訳
M: That new building is so tall. What did they put in it? W: The lower levels are a shopping center, with some offices above that. M: I heard it was also a hotel. There must be a great view from the top. W: The upper floors are part of the hotel, but the top floor has expensive private apartments.	M：あの新しいビルはとても高いね。何が入っているんだろう。 W：下の方の階はショッピングセンターで，その上はオフィスよ。 M：僕はホテルでもあると聞いたよ。最上階は素晴らしい眺めに違いないね。 W：高層階はホテルだけど，最上階は高級マンションなのよ。

設問文の和訳

ビルの最上階には何がありますか。

選択肢の和訳

① 高級ショッピングセンター。　② 富裕層向けの家。

③ 一流企業のオフィス。　④ ホテルの最上級の部屋。

女性の the top floor has expensive private apartments（最上階は高級マンションなのよ）より②が正解。

Training

🔊 カッコ内の音が脱落していることに注意して発音してみましょう。

英文の訳

❶ 数学は月曜日の1時間目でした。

❷ ホットドックを1つ，タマネギ抜きでお願いします。

❸ カワセミはこの辺りではあまり見られません。

❹ ジョンは今しがた新聞を読み終わりました。

❺ 新しいハードドライブだけを買いました。

❻ ジョーイは5時に学校を出なければなりませんでした。

❼ テストのために勉強しなければなりませんか。

❽ 5時までにそれらを私に送ってくれますか。

❾ 最上階は高級マンションです。

Step 3 Let's Speak!

答え

(1) ③　(2) ①　(3) ②

解説

(1) ③

🔊 nee(d) to　カッコ内の音を脱落させて発音してみましょう。

スクリプト	和訳
Do you think parents should monitor their children's Internet use?	親は子どものインターネットの使用を監視するべきだと思いますか。

選択肢の和訳

① 子どもは学校の課題のためにインターネットを使わなければならないと思います。

② 親はインターネットの使い方を理解していると思います。

③ 親は自分の子どもが何を見ているか理解する必要があると思います。

④ 親はもっと頻繁にインターネットを使うべきだと思います。

　「親は子どものインターネットの使用を監視するべきだと思うか」と意見を聞かれています。③の they need to understand what their children are looking at（親は自分の子どもが何を見ているか理解する必要がある）は，子どものインターネットの使用を監視するべきだという肯定的な意見なので，質問に対する応答として適切です。よって③が正解。

(2) ①

🔊 difficul(t) to　カッコ内の音を脱落させて発音してみましょう。

スクリプト	和訳
Do you think news on the Internet is as reliable as news on TV?	インターネットのニュースはテレビのニュースと同じくらい信用できると思いますか。

選択肢の和訳

① インターネットでは嘘のニュースを掲載するのが簡単なので，何とも言い難いです。
② 多くのテレビのニュース局はウェブサイトを持っています。
③ 最近の人々はインターネットでさまざまなテレビ番組を見ています。
④ テレビのニュースはインターネットニュースよりもずっと長い間存在しています。

　「インターネットのニュースはテレビのニュースと同じくらい信用できると思うか」を聞かれています。It is difficult to say（何とも言い難い）と，断定を避けながら，インターネットのニュースの信頼性についての不安要素を挙げている①が正解。

(3) ②

🔊 use(d) to　カッコ内の音を脱落させて発音してみましょう。

スクリプト	和訳
What do you think about introducing English in kindergartens?	英語を幼稚園に導入することについてどう思いますか。

選択肢の和訳

① 英語は世界中で多くの人々に話されています。
② 小さい頃に英語に慣れるのはよいことです。
③ 日本人は英語を学ぶのを難しいと思っています。
④ 英語を上手に話せるとよりよい仕事を得るのに役立つ可能性があります。

　英語を幼稚園に導入すると，小さい頃に英語学習を始めることになるので，②が正解。

Lesson 9

Training

🔊 カッコ内の音を脱落させて発音してみましょう。

(1) I think they nee(d) to understand what their children are looking at.
(2) It is difficul(t) to say because it's easy to post fake news on the Internet.
(3) It is good to get use(d) to English at an early age.

英文の訳

(1) 親は自分の子どもが何を見ているか理解する必要があると思います。
(2) インターネットでは嘘のニュースを掲載するのが簡単なので，何とも言い難いです。
(3) 小さい頃に英語に慣れるのはよいことです。

Lesson 10 文の強弱リズム

問題冊子 p.73 ／
音声はこちらから➡

Training

🔊 下線で示された語（名詞，一般動詞，疑問詞など）は「強く・高く・長く・はっきりと」発音され，その他の語（be動詞，助動詞，冠詞，前置詞，接続詞など）は「弱く・低く・短く・あいまいに」発音されています。文の強弱リズムに注意しましょう。

練習問題

答え
(1) ③　(2) ④　(3) ①

解説

(1) ③

🔊 <u>What</u> are you going to <u>study</u> at <u>university</u>? では，下線以外の語が「弱く・低く・短く・あいまいに」発音されています。聞き逃さないように注意しましょう。

スクリプト	和訳
M: I just finished my last exam.	M：最後の試験が終わったよ。
W: Does that mean you have finished school?	W：学校を終えたということ？
M: Yes. Now I have to wait to see if I can get into my first-choice university.	M：うん。あとは第一志望の大学に入れるかどうか結果を待たなければ。
W: <u>What are you going to study at university?</u>	W：大学では何を勉強するつもり？

設問文の和訳
男の子が次に最も言いそうな応答はどれですか。

選択肢の和訳
① 僕は大学で数学を勉強したんだ。
② そこへ電車で行くつもりだよ。
③ 工学部に入りたいと思っているんだ。
④ それはかなり難しかったけど，よくできたと思うよ。

　大学で何を勉強したいかを聞かれているので，入りたい学部を答えている③が正解。

(2) ④

🔊 weekend, Saturday, Sunday, tonight は，すべて 「強く・高く・長く・はっきりと」 発音されています。それぞれの日の事情を，「弱く・低く・短く・あいまいに」 発音される語にも注意しながら，丁寧に聞き取りましょう。

スクリプト	和訳
M: We've got our end-of-term tests in two weeks. Do you want to study together on the weekend?	M：2週間後に期末テストがあるよね。週末に一緒に勉強しない？
W: I'd love to, but we have our final basketball game on Saturday.	W：そうしたいけど，土曜に私たちの最後のバスケットボールの試合があるの。
M: I'm busy on Sunday anyway. Do you have any free time tonight?	M：日曜はどうしても僕が忙しいんだ。今夜は時間ある？
W: Sure. Let's meet at my place.	W：いいわよ。私の家で会いましょう。

設問文の和訳

彼らはいつ一緒に勉強するでしょうか。

選択肢の和訳

① 土曜日に。　② 日曜日に。　③ 週末に。　④ 今夜。

　一緒に勉強する日程について，週末に予定が合わないとわかったあと，男性の Do you have any free time tonight?（今夜は時間ある？）という質問に対して，女性は Sure.（いいわよ。）と承諾しているので④が正解。

(3) ①

🔊 We sometimes pick up garbage near the school. では下線で示された語が 「強く・高く・長く・はっきりと」 発音されます。下線で示された語が連続して聞こえますが，必要な情報を聞き漏らさないように注意しましょう。なお，pick up の up のように動詞と結び付いて1つの動詞のように働く副詞は，少し強めに発音されます。

スクリプト	和訳
M: What kind of community projects do you do in Japan?	M：日本ではどんな地域（奉仕）事業をするの？
W: Do you mean volunteer work?	W：ボランティアのこと？
M: Yes. What do high school students do to help local people?	M：うん。高校生は何をして地域の人たちの手伝いをするの？
W: Our school has an environmental club. We sometimes pick up garbage near the school.	W：うちの学校には環境部があるの。時々，学校の近くでごみ拾いをするわ。

Lesson 10

その部の生徒たちは何をしますか。

選択肢の和訳

① 学校の周りのごみをきれいにします。
② 学校の近くで新入生にあいさつをします。
③ 学校に交換留学生を迎えに行きます。
④ 学校で地域の人々と話をします。

　　女性の Our school has an environmental club. We sometimes pick up garbage near the school.（うちの学校には環境部があるの。時々，学校の近くでごみ拾いをするわ。）から正解は①。

Training

答え

(1) What are you going to study at university?
(2) Do you have any free time tonight?
(3) We sometimes pick up garbage near the school.

◀ 以下のように，下線で示された語は「強く・高く・長く・はっきりと」発音されます。一方で，それ以外の語は「弱く・低く・短く・あいまいに」発音されます。音声をよく聞き，文の強弱リズムに注意して発音してみましょう。

(1) What are you going to study at university?
(2) Do you have any free time tonight?
(3) We sometimes pick up garbage near the school.

英文の訳

(1) 大学では何を勉強するつもりですか。
(2) 今夜は時間がありますか。
(3) 時々，学校の近くでごみ拾いをします。

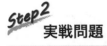
実戦問題

答え
1 (1)④　(2)③　(3)③　**2** (1)③　(2)③　(3)③　**3** (1)②　(2)①　(3)④

解説

1 (1) ④

🔊 Do you **have** a **piece** of **paper** I could **borrow**? では下線で示された語が「強く・高く・長く・はっきりと」発音されます。「弱く・低く・短く・あいまいに」発音される語も合わせて正確に聞き取るよう心がけましょう。また，a **piece** of **paper** のような名詞のまとまりの中の強弱のリズムにも注意して聞いてみましょう。

スクリプト	和訳
I need to write this down. <u>Do you have a piece of paper I could borrow?</u>	これを書き留めなければなりません。貸していただける紙はありますか。

選択肢の和訳

① 話し手は紙に何かを書き留めました。
② 話し手は書くのにペンが必要です。
③ 話し手は誰かに何かを書いてほしいと思っています。
④ 話し手は何かその上に書くものが欲しいです。

　Do you have a piece of paper I could borrow?（貸していただける紙はありますか。）と依頼しているので，a piece of paper を something to write on と言い換えた④が正解。「紙に書く」は write <u>on</u> a piece of paper と表すので，something to write <u>on</u> は紙など，その上に書くものを表します。ペンなどの筆記用具は something to write <u>with</u> です。

(2) ③

🔊 Could you **have** a **look** at **this device**? では下線で示された語が「強く・高く・長く・はっきりと」発音されています。特に **have** a **look** at という動詞句を正確に聞き取るように注意しましょう。

スクリプト	和訳
<u>Could you have a look at this device?</u> There seems to be a strange noise coming out.	この機器をちょっと見ていただけますか。変な音が出ているようなのです。

選択肢の和訳

① その機器はうるさすぎて聞き手は眠れません。
② その機器は変な音が出るように作られたものです。
③ 話し手は聞き手にその機器を調べてもらいたいと思っています。
④ 話し手はその機器を見たいと思っています。

　Could you have a look at this device?（この機器をちょっと見ていただけますか。）と言っています。次の文の a strange noise coming out（変な音が出ている）からも，調べてほしいと思っていると考えられるので，③が正解。

Lesson 10

(3) ③

🔊 It was **written** in the **fourteenth**, **fifteenth** or **sixteenth** **century**. では **fourteenth**, **fifteenth**, **sixteenth** のように，「強く・高く・長く・はっきりと」発音される数字にばかり気をとられず，文全体の正確な聞き取りを心がけましょう。

スクリプト	和訳
No one knows the exact date of the poem. It was written in the 14th, 15th or 16th century.	その詩の正確な日付は誰にもわかりません。14 世紀か 15 世紀か 16 世紀に書かれました。

選択肢の和訳
① 世紀によってさまざまな種類の詩が書かれました。
② その詩の正確な日付が最近明らかになりました。
③ その詩は 14 世紀から 16 世紀の間に作られました。
④ その詩人は 1 年に 14 から 16 作の詩を書きました。

It (= the poem) was written in the 14th, 15th or 16th century. (それは 14 世紀か 15 世紀か 16 世紀に書かれた。) と同じことを表している③が正解。

2 (1) ③

🔊 Just a **bit more popular** than the **theme park** and a **bit less** than the **sports park**. では比較を表す **more**, **less** が「強く・高く・長く・はっきりと」発音されていることや，**theme park**, **sports park** のように，対照的な部分が強調されて発音されていることに注意しながら聞いてみましょう。

スクリプト	和訳
M: These results are interesting.	M：この結果はおもしろいね。
W: Yes, I didn't think that camping would be the most popular choice, while going to a theme park came bottom.	W：ええ。キャンプが一番人気になるなんて思わなかったわ，テーマパークは最下位なのに。
M: I know. How about going to the exhibition?	M：まったくだよ。展覧会に行くことはどうなんだろう。
W: Here! Just a bit more popular than the theme park and a bit less than the sports park.	W：ここよ！ テーマパークより若干人気があって，スポーツパークより少し下よ。
M: Hmm... I thought more people would prefer the exhibition than sports.	M：ううん…僕はスポーツより展覧会を好む人の方が多いと思ったよ。

設問文の和訳

次のうちどの選択肢が展覧会を表していますか。

　　男性の How about going to the exhibition?（展覧会に行くことはどうなんだろう。）に対し，女性は Just a bit more popular than the theme park and a bit less than the sports park.（テーマパークより若干人気があって，スポーツパークより少し下よ。）と答えています。少し前の女性の発言 going to a theme park came bottom（テーマパークは最下位）から，④が「テーマパーク」とわかるので，それより少し人気がある③が「展覧会」で，②が「スポーツパーク」，さらに女性の最初の発言 I didn't think that camping would be the most popular choice（キャンプが一番人気になるなんて思わなかった（が，なった）。）から①が「キャンプ」となります。よって正解は③。

(2) ③

🔊 It's **actually** on **Thursdays** that we **see** the **most people**. では，「実際は一番人が多いのは木曜日です」のように意外な結果を示す語が特に強調されています。

スクリプト	和訳
M: Which days are the busiest for you?	M：何曜日が一番忙しいですか。
W: We tend to start busy on Mondays and see fewer people in the middle of the week.	W：月曜日は忙しく始まる傾向がありますが，週の半ばはお客さんが減ります。
M: Does it pick up again on Fridays?	M：金曜日にまた増えるのですか。
W: It's actually on Thursdays that we see the most people.	W：実際は一番人が多いのは木曜日なのです。
M: I guess people are thinking more about the weekend on Fridays.	M：金曜日は，人々は週末のことをもっと考えているのでしょう。

設問文の和訳

会話に一致するのは次のうちどのグラフですか。

　　女性のWe tend to start busy on Mondays and see fewer people in the middle of the week.（月曜日は忙しく始まる傾向がありますが，週の半ばはお客さんが減ります。）と It's actually on Thursdays that we see the most people.（実際は一番お客さんが多いのは木曜日です。）から，人の数は月曜日が多く，週の半ばは少ないこと，木曜日が一番多いことがわかります。よって正解は③。

注 pick up：〈商売・市場などが〉好転する

(3) ③

🔊 The one **next** to her **old house**? では，現在の家と比較して「かつての」家という対照を表す語が特に強調されています。

スクリプト	和訳
W: Where does your grandmother live?	W：あなたのおばあさんはどこに住んでいるの？
M: <u>She used to live in a house by the sea.</u>	M：昔は海のそばの一軒家に住んでいたんだ。
W: You mean this one, in front of yours.	W：あなたの家の前のこの家のことね。
M: That's right.　But as she became older, she needed to move into a small apartment.	M：そうだよ。でも高齢になって，小さなアパートに移る必要があったんだ。
W: <u>The one next to her old house?</u>	W：彼女のかつての家の隣の？
M: Yeah, that's right.　The one by the river also looked nice, but she wanted to stay close to us.	M：そうなんだ。川のそばの家も素敵に見えたんだけど，彼女は僕たちの近くにいたかったんだよ。

設問文の和訳

男性の祖母は今どこに住んでいますか。

　　最初のやりとり She used to live in a house by the sea.（昔は海のそばの一軒家に住んでいたんだ。），You mean this one, in front of yours.（あなたの家の前のこの家のことね。）から，男性の祖母はかつて，男性の家の前にある一軒家の④に住んでいたとわかります。次に男性は she needed to move into a small apartment（小さなアパートに移る必要があった）と言い，女性の質問 The one next to her old house?（かつての家の隣の？）に Yeah と答えているので，祖母は今，かつて住んでいた家である④の隣のアパートに住んでいることがわかります。正解は③。

3 (1) ②

🔊 23，53，34，54 といった数字が重要な情報として強調されていますが，<mark>それ以外の箇所の内容もよく聞き，必要な情報を正確にとらえましょう。</mark>

スクリプト	和訳
M: Excuse me.　Do I need to take the number 23 bus to get to Jefferson High School?	M：すみません。ジェファソン高校へ行くのには 23 番バスに乗る必要がありますか。
W: Jefferson on 53rd street?　No, the 23 only goes to Green Park Station.	W：53 番通りのジェファソンですか？いいえ，23 番バスはグリーンパーク駅にしか行きません。
M: Is there a bus that will take me there?	M：そこへ行けるバスはありますか。
W: <u>The 34 will go there.</u>　Make sure to get off before you reach 54th street.	W：34 番バスが行きます。必ず 54 番通りの手前で降りてくださいね。

設問文の和訳

男性はどのバスに乗るべきでしょうか。

選択肢の和訳

① 23番。　② 34番。　③ 53番。　④ 54番。

　男性の最初の質問 Do I need to take the number 23 bus to get to Jefferson High School?（ジェファソン高校へ行くのには23番バスに乗る必要がありますか。）に対し，女性はそのバスはジェファソン高校へは行かないと答えます。男性がさらに Is there a bus that will take me there?（そこ（＝ジェファソン高校）へ行けるバスはありますか。）とたずねると，女性は The 34 will go there.（34番バスが行きます。）と返答しているので正解は②。

(2) ①

🔊 That comes to **$6 (six dollars)** in total, including the **toothpaste**. では，値段を伝える上で重要な語句が特に強調されていることに注意して聞いてみましょう。

スクリプト	和訳
M: You can buy these toothbrushes and get a tube of $4 toothpaste half price.	M：この歯ブラシを買うと，4ドルの歯磨き粉が半額になりますよ。
W: Oh, I see. In that case, let me have two of the toothbrushes, each with a tube of toothpaste.	W：あらそう。それなら歯ブラシ2本とそれぞれに歯磨き粉を1本ずつつけてください。
M: Thank you. That comes to $6 in total, including the toothpaste.	M：ありがとうございます。歯磨き粉を含めて，合計6ドルになります。
W: That saves $4! Great!	W：4ドルお得ね！よかった！

Lesson 10

設問文の和訳

歯ブラシは1本いくらですか。

選択肢の和訳

① 1ドル。　② 2ドル。　③ 3ドル。　④ 4ドル。

　男性の You can buy these toothbrushes and get a tube of $4 toothpaste half price.（この歯ブラシを買うと，4ドルの歯磨き粉が半額になりますよ。）を受けて，女性は let me have two of the toothbrushes, each with a tube of toothpaste（歯ブラシ2本とそれぞれに歯磨き粉を1本ずつつけてください）と買うものを決めています。男性の That comes to $6 in total, including the toothpaste.（歯磨き粉を含めて，合計6ドルになります。）から，歯ブラシ2本＋歯磨き粉（4ドルの半額）を2本＝6ドルなので，歯ブラシ2本の代金は2ドル，つまり歯ブラシ1本あたり1ドルとわかります。正解は①。

(3) ④

🔊 選択肢になっている色が特に「強く・高く・長く・はっきりと」発音されています。各色についての女性の考えを,「弱く・低く・短く・あいまいに」発音される語にも注意しながら,丁寧に聞き取りましょう。

スクリプト	和訳
M: What do you think of this yellow shirt?	M：この黄色いシャツをどう思う？
W: I'm not sure. How about the white one? You already have a blue one, right?	W：さあ，どうかな。白いのはどう？ 青のシャツはもう持ってるわよね。
M: I preferred the green one.	M：僕は緑の方がよかったな。
W: You've got to be kidding me. That one was terrible.	W：冗談でしょう。あれはひどかったわ。

設問文の和訳

女性は男性がどのシャツを買う方がいいと思っていそうですか。

選択肢の和訳

① 青のシャツ。　② 緑のシャツ。　③ 黄色のシャツ。　④ 白のシャツ。

女性は How about the white one?（白いのはどう？）と白をすすめているので④が正解。

Training

🔊 下線で示された語は「強く・高く・長く・はっきりと」発音されます。一方で,それ以外の語は「弱く・低く・短く・あいまいに」発音されます。音声をよく聞き,文の強弱リズムに注意して発音してみましょう。

英文の訳

❶ 貸していただける紙はありますか。
❷ この機器をちょっと見ていただけますか。
❸ その詩は 14 世紀か 15 世紀か 16 世紀に書かれました。
❹ それはテーマパークより人気があって,スポーツパークより下です。
❺ 一番人が多いのは実際は木曜日なのです。
❻ それは彼女のかつての家の隣のアパートですか。
❼ 34 番（のバス）はその高校に行きます。
❽ 歯磨き粉を含めて,合計 6 ドルになります。
❾ 白いのはどうでしょうか。

Step3
Let's Speak!

答え

(1) ① (2) ① (3) ③

解説

(1) ①

🔊 A **pair** of **students** **are** **sitting** beneath a **tree**. 文の強弱リズムに注意して発音してみましょう。

スクリプト	和訳
Look at the picture. Can you describe someone in this picture?	絵を見てください。この絵の中の誰かを描写してもらえますか。

選択肢の和訳

① 2人の生徒が木の下に座っています。
② 全員の生徒が木の周りに集まっています。
③ 誰かがブランコに乗った女の子を押しています。
④ 生徒たちは授業が終わって出てくるところです。

木の下に2人の生徒が座っているので①が正解。

(2) ①

🔊 I **don't** **think** **this** is **true** for **everyone**. 否定の語句は「強く・高く・長く・はっきりと」発音されることに注意しましょう。

スクリプト	和訳
Do you agree that all young people should study until they are twenty?	すべての若者は20歳になるまで勉強するべきだということに賛成ですか。

選択肢の和訳

① 全員には当てはまらないと思います。
② 若い人は一生懸命勉強していると思います。
③ 20歳になるまで勉強する若い人はたくさんいます。
④ 若い人にはたくさんのさまざまな思い出があります。

「すべての若者は20歳まで勉強するべきだということに賛成か」を聞かれています。that all young people should study until they are twenty（すべての若者は20歳になるまで勉強するべきだということ）を this で受けて「このことは全員には当てはまらないと思う」という反対意見を述べている①が正解。

(3) ③

🔊 I'd like to **hit** a **home run** in a **baseball game**.　願望を特に強調して発音します。

スクリプト	和訳
What is one thing you would like to achieve before you leave high school?	高校を卒業する前に達成したい1つのことは何ですか。

選択肢の和訳

① 大学を卒業したあと，いい仕事につきたいです。
② 2年後に高校を卒業します。
③ 野球の試合でホームランを打ちたいです。
④ 試験のために一生懸命勉強しなければならないでしょう。

　「高校を卒業する前に達成したい1つのこと」を聞かれているので，高校在学中にかなえたいことを答えている③が正解。①は高校を卒業したあとのことなので不適切。④は，達成したいことではなく義務を答えているので不適切。

Training

🔊 以下のように，文の強弱リズムに注意して発音してみましょう。

(1) A **pair** of **students** **are** **sitting** beneath a **tree**.
(2) I **don't** **think** **this** is **true** for **everyone**.
(3) I'd **like** to **hit** a **home run** in a **baseball game**.

英文の訳

(1) 2人の生徒が木の下に座っています。
(2) 全員には当てはまらないと思います。
(3) 野球の試合でホームランを打ちたいです。

Lesson 11 文のイントネーション

問題冊子 p.81 ／
音声はこちらから➡

Training

🔊 下線で示した語からイントネーションの変化が始まり，矢印の方向へ変化します。
You play soccer. は普通の文なので通常は下げ調子のイントネーションとなります
が，この文を上げ調子で言うと，You play soccer? と相手に疑問を投げかける言
い方になります。Do you often watch soccer in the stadium? は Yes / No 疑問
文なので上げ調子で発音します。一方で，Which soccer team do you like? は疑
問詞を使った疑問文なので，アメリカ英語では，通常は下げ調子のイントネーショ
ンとなります。文の種類に応じたイントネーションに注意して発音しましょう。

練習問題

答え
(1)② (2)④ (3)②

解説
(1)②

🔊 Are they buying you something? は Yes / No 疑問文なので上げ調子で発音されま
す。一方，What are you going to get? は疑問詞を使った疑問文なので，下げ調子で
発音されます。

スクリプト	和訳
M: I'm going shopping with my parents on the weekend.	M：週末に両親と買いものに行くつもりなんだ。
W: Are they buying you something?	W：何か買ってもらうの？
M: Just some new clothes for the summer.	M：夏用の新しい服だけね。
W: What are you going to get?	W：何を買うつもりなの？

設問文の和訳
男の子が次に最も言いそうなものはどれですか。

選択肢の和訳
① 両親が払うよ。
② たぶんＴシャツとショートパンツかな。
③ モールに行くだけだよ。
④ うん，少し休みがとれるといいなと思っているんだ。

夏用の新しい服を買ってもらうという男の子に対し，女の子が「何を買うつもりなの？」とたずねています。この質問に合う応答は，夏に着る服を具体的に答えている②。

(2) ④

🔊 if it's Sam's birthday...は，下げ調子→上げ調子の順でイントネーションが変化しています。下げ調子→上げ調子のイントネーションは，言外の含みを伝える働きがあることに注意し，文脈から真意をとらえましょう。

スクリプト	和訳
W: Tom, are you busy on Monday night?	W：トム，月曜日の夜は忙しい？
M: I've got basketball practice. Why?	M：バスケットボールの練習があるんだ。どうして？
W: It's Sam's birthday. Can you come to a restaurant with us to celebrate?	W：サムの誕生日なの。お祝いに私たちとレストランに来られる？
M: Well, if it's Sam's birthday....	M：そうだな，サムの誕生日ということなら…。

設問文の和訳

男の子は何を意味していますか。

選択肢の和訳

① 彼はサムをよく知りません。
② 彼はサムの誕生日を祝いたくありません。
③ 彼はバスケットボールの練習に行くでしょう。
④ 彼はレストランに行くでしょう。

　女の子の are you busy on Monday night?（月曜日の夜は忙しい？）という質問に対して，男の子は I've got basketball practice.（バスケットボールの練習があるんだ。）と答え，予定があることを伝えています。しかし，女の子から It's Sam's birthday. Can you come to a restaurant with us to celebrate?（その日はサムの誕生日なの。お祝いに私たちとレストランに来られる？）と聞かれると，if it's Sam's birthday...（サムの誕生日ということなら…）と答えています。この文のように，下げ調子→上げ調子で変化するイントネーションには，言外の含みを持たせる働きがあります。今回の文脈では，予定があるという状況に反して，「他でもないサムの誕生日であればレストランに行くよ」という意味だと考えられます。よって④が正解。

(3) ②

🔊 2つの付加疑問文のイントネーションの違いに注意しましょう。You want to be a programmer, don't you? は男性が知っている（と思っている）情報の念押しなので下げ調子で発音されていますが，you still want to work with computers, don't you? は女性の希望についてあらためて質問しているので，下げ調子のあと上げ調子で発音されています。

スクリプト	和訳
W: Do you know what you want to be in the future?	W：将来何になりたいか決まっている？
M: I'm not sure. You want to be a programmer, don't you?	M：わからない。君はプログラマーになりたいんだよね。
W: I'm not so sure anymore.	W：今はもうそれほど確かではないわ。
M: But you still want to work with computers, don't you?	M：でもコンピューターを使って仕事をしたいんだよね？

設問文の和訳

男の子はどのように考えていますか。

選択肢の和訳

① 女の子はコンピューターを使った仕事はしないでしょう。
② 女の子はコンピューターを使って仕事をするのが好きです。
③ 女の子はプログラマーになれるほど優秀ではありません。
④ 女の子は男の子にプログラマーになってもらいたいと思っています。

　プログラマーになりたいかどうかについて，女の子が I'm not so sure anymore.（今はもうそれほど確かではないわ。）と言うと，男の子は But you still want to work with computers, don't you?（でもコンピューターを使って仕事をしたいんだよね？）と確認の質問をしているので正解は②。

Training

答え

(1) ↘　(2) ↘↗　(3) ↘, ↗

🔊 以下のように，モデル音声のイントネーションに注意して聞き，発音してみましょう。下線で示した語からイントネーションの変化が始まり，矢印の方向に変化します。

(1) What are you going to get? ↘

(2) Well, if it's Sam's birthday.... ↘↗

(3) You still want to work with computers, ↘ don't you? ↗

英文の訳

(1) 何を買うつもりですか。

(2) （他でもない）サムの誕生日ということなら…（仕方ありません）。

(3) コンピューターを使って仕事をしたいのですよね？

Lesson 11

Step 2 実戦問題

解説

■ (1)①

🔊 You lost my book? は「そんなことをするなんて信じられない」という驚きの気持ちとともに相手に疑問を投げかけているので，普通の文の形ですが上げ調子で発音されています。イントネーションに話し手の感情が含まれていることに注意して聞いてみましょう。

スクリプト	和訳
① Excuse me? You lost my book?	① 何ですって？　私の本を失くした？
② Really? That's amazing.	② 本当に？　それはすごいわ。
③ Sorry. I woke up late.	③ ごめん。寝坊したの。
④ You're kidding! You passed your test?	④ 冗談でしょう。テストに合格したの？

　写真の女性は怒っている様子なので，男性が本を失くしたことに対し女性が怒りを表している①が正解。

(2)④

🔊 Would you like pizza or pasta? のように，2つのものを並べて ... A or B?（AかBか）をたずねる疑問文は，最初の語句（pizza）が上げ調子，あとの語句（pasta）が下げ調子で発音されます。イントネーションに注意して聞いてみましょう。

スクリプト	和訳
① Could I see the menu, please?	① メニューを見せていただけますか。
② Do you have a reservation?	② ご予約されていますか。
③ I'd like the check, please.	③ 会計をお願いします。
④ Would you like pizza or pasta?	④ ピザとパスタのどちらがよろしいですか。

　メニューを開いている客にウェイトレスが話しかけているので，④が正解。①は客がメニューを見たい時に言う言葉，②は来店したばかりの客にかける言葉，③は食事を終えた客の言葉なので不適切。

(3)④

🔊 They are waiting for the bus. のような普通の文は下げ調子で発音されます。

スクリプト	和訳
① The bus has just arrived.	① バスはちょうど到着したところです。

90

② The bus has just left.
③ They are going to get a taxi.
④ They are waiting for the bus.

② バスはちょうど出てしまいました。
③ 彼らはタクシーに乗るつもりです。
④ 彼らはバスを待っています。

人々はバス停に並んでいるので④が正解。

2 (1)①

🔊 I'll have bacon, a slice of toast and coffee, please. のように A, B, and 〔or〕C と 3
つのものを並べて言う場合，A（bacon）と B（a slice of toast）はそれぞれ上げ調
子で発音し，最後の語句 C（coffee）を下げ調子で発音します。イントネーションに
注意して聞いてみましょう。

スクリプト	和訳
W: Are you ready to order?	W：ご注文を承りましょうか。
M: Yes, I'll have bacon, a slice of toast and coffee, please.	M：はい。ベーコンとトースト1枚とコーヒーをお願いします。
W: I'm afraid we're out of bacon today. Can I offer you sausage, instead?	W：あいにくですが，本日ベーコンを切らしております。代わりにソーセージはいかがでしょうか。
M: No, I think I'll go for the grilled tomato.	M：いえ，焼きトマトにしたいと思います。

設問文の和訳
男性が最終的に注文するのは次のどれですか。

　男性の最初の注文 I'll have bacon, a slice of toast and coffee, please.（ベーコンとトースト1枚とコーヒーをお願いします。）に対して，女性はベーコンがないことを伝え，代わりにソーセージを勧めると，男性は I'll go for the grilled tomato（焼きトマトにする）と言っています。よってトーストとコーヒーと焼きトマトの①が正解。

(2)③

🔊 We don't have PE this Thursday, do we? は女性が知っている情報の念押しなので
下げ調子で発音されます。

スクリプト	和訳
W: We don't have PE this Thursday, do we?	W：今週の木曜日に体育はないよね。
M: Really? So, what do we have instead?	M：本当？　では，代わりに何があるの？
W: English. Then we've got double PE the next day.	W：英語よ。それで次の日に体育が2回あるのよ。
M: English? Why isn't it science?	M：英語だって？　なんで理科じゃないんだろう。

Lesson 11

91

設問文の和訳

今週は次のどの時間割が正しいですか。

選択肢の和訳

①

	...	木曜	金曜
1	...	科学	数学
2	...	歴史	体育
3	...	体育	体育
4	...	フランス語	科学
(昼食)			
5	...	地理	歴史
6	...	数学	ホームルーム

②

	...	木曜	金曜
1	...	科学	数学
2	...	歴史	体育
3	...	英語	英語
4	...	フランス語	科学
(昼食)			
5	...	地理	歴史
6	...	数学	ホームルーム

③

	...	木曜	金曜
1	...	科学	数学
2	...	歴史	体育
3	...	英語	体育
4	...	フランス語	科学
(昼食)			
5	...	地理	歴史
6	...	数学	ホームルーム

女の子は最初の発言で We don't have PE this Thursday, do we?（今週の木曜日に体育はないよね。）と言っています。また，男の子に代わりに何があるのかと聞かれて「英語」と答え，Then we've got double PE the next day.（それで次の日に体育が 2 回あるのよ。）と言っていることから，木曜日に英語があり，金曜日に体育が 2 回あるとわかります。よって③が正解。

(3) ③

🔊 Does Josh have a soccer game on the 7th or the 14th? のように，2 つのものを並べて A or B?（A か B か）とたずねる場合は，最初の語句（the 7th）が上げ調子，あとの語句（the 14th）が下げ調子で発音されます。イントネーションに注意して聞いてみましょう。

スクリプト	和訳
W: Does Josh have a soccer game on	W：ジョシュのサッカーの試合は 7 日，

the 7th or the 14th?	それとも 14 日？
M: <u>On the 7th</u>, yes. But <u>the 14th is Matt's basketball game.</u>	M：7 日だよ。でも 14 日はマットのバスケットボールだ。
W: Oh, that's right. And we have another soccer game the week after.	W：そうだった。それからその翌週にも別のサッカーの試合があるわね。
M: No, <u>we have a week off from sports. Josh's second game is the week after.</u>	M：いや，1 週間スポーツのない週があるよ。ジョシュの 2 度目の試合は，その翌週だ。

設問文の和訳

次のどのカレンダーが正しいですか。

　最初のやりとりから，ジョシュのサッカーの試合が 7 日でマットのバスケットボールの試合が 14 日だとわかります。また男性の we have a week off from sports. Josh's second game is the week after.（1 週間スポーツのない週があるよ。ジョシュの 2 度目の試合は，その（＝スポーツがない週の）翌週だ。）から，14 日の 2 週間後にジョシュの 2 度目のサッカーの試合があることがわかります。よって③が正解。

3 (1)

◀ <u>Mrs. Brown will take classes 1 and 3 to the museum in the morning and to the castle in the afternoon.</u> のように A and B（A と B）と並べて言う場合，最初の内容（to the museum in the morning）が上げ調子，あとの内容（to the castle in the afternoon）が下げ調子で発音されます。イントネーションに注意して聞きましょう。

スクリプト

I have just a few notices about the school trip on Monday. As you know, we're splitting into two groups. <u>Mrs. Brown will take classes 1 and 3 to the museum in the morning and to the castle in the afternoon.</u> Mr. Jones will take classes 2 and 4 to the castle first. Make sure you know which group you are in. In addition, as the cafeteria can only hold around 80 people, we will not all be able to eat together. <u>The classes going to the castle in the morning will eat first.</u> Raise your hands if you have any questions.

和訳

月曜日の遠足についていくつか注意があります。ご存知の通り，私たちは 2 つのグループに分かれます。ブラウン先生は 1 組と 3 組を午前中に博物館，午後にお城に引率します。ジョーンズ先生は 2 組と 4 組を最初にお城に連れて行きます。自分がどちらのグループなのかを確認しておいてください。それからカフェテリアには 80 人くらいしか入れませんので，私たちは全員一緒に食事をすることができません。午前中にお城に行くクラスが先に食事をします。質問のある人は手を挙げてください。

Lesson 11

93

Q1 ②

> **設問文の和訳**
>
> どのクラスが午後にお城を訪れるでしょうか。
>
> **選択肢の和訳**
>
> ① 1組と2組。　② 1組と3組。　③ 2組と4組。　④ 3組と4組。

Mrs. Brown will take classes 1 and 3 to the museum in the morning and to the castle in the afternoon.（ブラウン先生は1組と3組を午前中に博物館，午後にお城に引率します。）から，正解は②。

Q2 ①

> **設問文の和訳**
>
> 次のどの文が正しいでしょうか。
>
> **選択肢の和訳**
>
> ① 2組は早く食事をします。　　　　② 4組はあとで食事をします。
>
> ③ 1から80番の生徒が先に食事をします。　④ 約80人の生徒がいます。

食事の順番については The classes going to the castle in the morning will eat first.（午前中にお城に行くクラスが先に食事をします。）と言っています。また Mr. Jones will take classes 2 and 4 to the castle first.（ジョーンズ先生は2組と4組を最初にお城に連れて行きます。）から，午前中にお城に行くのは2組と4組だとわかります。よって①が正解。

(2)

🔊 Our basic rooms have four beds and a bathroom with a shower, a sink and a toilet. のように，3つ以上の語句を並べて言う場合，a shower と a sink は上げ調子，最後の a toilet は下げ調子で発音されます。また As we have other guests, you Lincoln High School students will need to finish your meal within 30 minutes. では，副詞節の As ... guests, は上げ調子，主節の you Lincoln High School .... は下げ調子で発音されます。イントネーションに注意して聞いてみましょう。

スクリプト	**和訳**
Welcome to Camp Hill Lodge. There are a few rules to cover before you go through to your rooms. Our basic rooms have four beds and a bathroom with a shower, a sink and a toilet. Breakfast and dinner are held in the main dining room, through here. As we have other guests, you Lincoln High School students will need to finish your	キャンプヒルロッジにようこそ。皆さんが部屋へ行く前に，話しておかなければならないいくつかの決まりがあります。通常の部屋にはベッドが4台と，シャワーが1台と流し台が1台とトイレが1つついた浴室があります。朝食と夕食はこの先の大食堂で食べます。他のお客さんもいらっしゃいますので，あなた方リンカーン高校の生徒は食事を30分以内に済ませる必要があり

meal within 30 minutes. You can see the menu on the wall. Dinner tonight is at 6:00 and <u>breakfast at 7:15</u>. Please collect your keys from the table here and enjoy your stay.

ます。メニューは壁を見てください。今夜の夕食は6時で朝食は7時15分からです。このテーブルの上の鍵を持って行き，滞在を楽しんでください。

Q1 ③

設問文の和訳

シャワー1台につき何人までの生徒がいますか。

選択肢の和訳

①1人。　②2人。　③4人。　④8人。

Our basic rooms have four beds and a bathroom with a shower, a sink and a toilet. （通常の部屋にはベッドが4台と，シャワーが1台と流し台が1台とトイレが1つついた浴室があります。）から，シャワーが1台ある部屋を最大4人で使うとわかるので，③が正解。

Q2 ④

設問文の和訳

リンカーン高校の生徒は何時に朝食を食べるでしょうか。

選択肢の和訳

①6時。　②6時30分。　③7時。　④7時15分。

breakfast at 7:15（朝食は7時15分）と言っているので④が正解。

(3)

◀ If there is no problem, you don't need to call me back. や if there are any issues, please call me on 0789102345 as soon as you can では，ifのついた節は下げ調子→上げ調子，you don't .... と please call me ... は下げ調子で発音されます。イントネーションに注意して聞いてみましょう。

スクリプト

Hi, this is Mike from Future Electric. I'm calling about the TV installation. We will be arriving with the TV between two and four pm today. Please understand that it can take up to an hour to install the TV and wall panel. The screen is 150 centimeters wide, but it needs to have a space of at least 20 centimeters either side to comply with fire

和訳

もしもし，フューチャー電機のマイクです。テレビの設置についてお電話しました。本日午後2時から4時の間にテレビをお持ちします。テレビとウォールパネルを設置するのに最長で1時間かかることをご承知おきください。スクリーンは150センチ幅ですが，防火規則に準じて最低20センチは両脇にスペースが必要です。問題なければ，折り返しお電話をいただく必要はございません。しかし，もし何か問題がありました

Lesson 11

95

<u>regulations.</u> <u>If there is no problem, you don't need to call me back. But if there are any issues, please call me on 0789102345 as soon as you can.</u>

ら，できるだけ早く 0789102345 にお電話ください。

Q1 ③

設問文の和訳
テレビは何時までに着くでしょうか。

選択肢の和訳
① 午後 2 時まで。　② 午後 3 時まで。　③ 午後 4 時まで。　④ 午後 5 時まで。

　We will be arriving with the TV between two and four pm today.（本日午後 2 時から 4 時の間にテレビをお持ちします。）から③が正解。

Q2 ④

設問文の和訳
どの場合，折り返し電話をしなければなりませんか。

選択肢の和訳
① 防火規則に従ったらすぐに。
② メッセージを聞いたらすぐに。
③ 6 時ごろ家を出なければならない場合。
④ テレビのためのスペースが 150 センチしかない場合。

　If there is no problem, you don't need to call me back. But if there are any issues, please call me on 0789102345 as soon as you can.（問題なければ，折り返しお電話をいただく必要はございません。しかし，もし何か問題がありましたら，できるだけ早く 0789102345 にお電話ください。）と言っています。その前の文で，The screen is 150 centimeters wide, but it needs to have a space of at least 20 centimeters either side to comply with fire regulations.（スクリーンは 150 センチ幅ですが，防火規則に準じるために最低 20 センチは両脇にスペースが必要です）から④は問題となり，電話をする必要があるので④が正解。テレビは 2 時から 4 時の間に到着し，設置にかかる時間は最長 1 時間なので③は問題にはなりません。

Training

🔊 イントネーションに注意して音声を聞き，発音してみましょう。下線で示した語からイントネーションの変化が始まり，矢印の方向に変化します。

英文の訳
❶ 彼らはバスを待っています。
❷ ジョシュは 7 日にサッカーの試合がありますか。
❸ 何ですって？　私の本を失くした？

④ もし何か問題がありましたら，できるだけ早くお電話ください。
⑤ 今週の木曜日に体育はないですよね。
⑥ ピザとパスタのどちらがよろしいですか。
⑦ ブラウン先生は午前中に博物館，午後にお城に行きます。
⑧ ベーコンとトースト1枚とコーヒーをお願いします。
⑨ 通常の部屋にはベッドが4台と，シャワーが1台と流し台が1台とトイレが1つついた浴室があります。

Step3 Let's Speak!

答え

(1) ①　(2) ④　(3) ④

解説

(1) ①

🔊 If we ride a bicycle to school, ↘ we will reduce CO$_2$ emissions a little. ↘　イントネーションに注意して発音してみましょう。

スクリプト	和訳
How do you think high school students can best help to protect the environment?	高校生はどうすれば環境保護に最も協力できると思いますか。

選択肢の和訳

① 自転車で学校へ行けば，少し二酸化炭素の排出量を減らすでしょう。
② 多くの人々は気温が上がっていると信じています。
③ 世界中の学生たちが一生懸命努力しています。
④ 私たちは環境を守るために何かできると思います。

　「高校生はどうすれば環境保護に最も協力できるか」について意見を聞かれています。具体的な方法を答えている①が正解。

(2) ④

🔊 You don't think we need to worry about global warming? ↗　普通の文の形ですが，相手の発言への驚きを示すために上げ調子で発音します。

スクリプト	和訳
I don't think we need to worry so much about global warming in Japan. How about you?	私は日本では温暖化についてそれほど心配する必要はないと思っています。あなたはどうですか。

Lesson 11

① 地球の気温は 19 世紀から記録されています。
② 地球温暖化を阻止できるいくつかの方法があります。
③ 地球温暖化についてどう思いますか。
④ 地球温暖化について心配する必要がないと思っているですって？

　「日本では温暖化についてそれほど心配する必要はないと思うがあなたはどうか」と聞かれています。これに対する応答としては，相手の発言に驚きを示して聞き返している④が正解。

(3) ④

🔊 You mean that people will stop going to shops, ↘ right? ↗　文末に付ける ..., right? を使って相手に確認をする場合，その前までを下げ調子，文末を上げ調子で発音します。

スクリプト	和訳
Some people say that online shopping is bad for our town centers. What do you think about that?	オンラインショッピングは町の商店街にとってよくないと言う人もいます。あなたはどう思いますか。

選択肢の和訳
① オンラインで物を買うのは簡単ですよね。
② オンラインショッピングは今人気があると思います。
③ 多くの人々は町の商店街で買いものをすることを楽しみます。
④ 人々が店に行かなくなるということですよね。

　「オンラインショッピングは町の商店街にとってよくない」という考えについて意見を聞かれています。この考えの根拠を相手に確認している④が正解。他の選択肢は，オンラインショッピングが町の商店街に与える影響にまったくふれていないので不適切。

Training

🔊 以下のように，文のイントネーションに注意して発音してみましょう。下線で示した語からイントネーションの変化が始まり，矢印の方向に変化します。
(1) If we ride a bicycle to school, ↘ we will reduce CO_2 emissions a little. ↘
(2) You don't think we need to worry about global warming? ↗
(3) You mean that people will stop going to shops, ↘ right? ↗

英文の訳
(1) 自転車で学校へ行けば，少し二酸化炭素の排出量を減らすでしょう。
(2) 地球温暖化について心配する必要がないと思っているですって？
(3) 人々が店に行かなくなるということですよね。

Step1 実戦問題

答え
1 (1)② (2)① (3)③ 　**2** (1)② (2)② (3)②
3 (1)④ (2)① (3)④ 　**4** (1)② (2)③ (3)⑤ (4)⑥

解説

1 (1)②

🔊 would_you の下線部では，/d/ + /j/（ドゥ+ユ）→ /dʒ/（デュ）のようにつながって音が変身します。

スクリプト	和訳
One day, I want to go to Italy.	いつか，イタリアに行きたいです。
① Which country do you want to go to?	① どの国に行きたいですか。
② What would you do there?	② そこで何をしたいですか。
③ Do you like traveling in Japan?	③ 日本を旅行するのは好きですか。

「イタリアへ行きたい」と言っているので，Italy を there で受けて，「そこで何をしたいのか」とたずねている②が正解。

(2)①

🔊 知っている情報について相手に念押しをする付加疑問文は下げ調子で発音します。イントネーションに注意しながら聞いてみましょう。

スクリプト	和訳
Did you see my theme park tickets somewhere?	どこかで私のテーマパークのチケットを見ましたか。
① You bought tickets online, didn't you?	① オンラインでチケットを買ったのでしょう。
② You're going to a theme park, aren't you?	② テーマパークへ行く予定なのでしょう。
③ You'll visit your grandmother there, won't you?	③ そこでおばあさんを訪ねるのでしょう。

話し手はチケットを探しているので，「オンラインで買ったのでしょう。」と念押しし，チケットをデータで持っている可能性を示唆している①が正解。

(3) ③

🔊 **Who** are you going to **meet** after **school**? では，下線以外の語が「弱く・低く・短く・あいまいに」発音されています。聞き逃さないように注意しましょう。

スクリプト	和訳
Who are you going to meet after school?	あなたたちは放課後，誰に会うのですか。
① We have seen him in the cafeteria several times.	① カフェテリアで彼を何度か見たことがあります。
② We met our former homeroom teacher after school.	② 私たちは放課後，前の担任の先生に会いました。
③ We'll see some friends from the basketball club.	③ バスケットボール部の友だち数人に会う予定です。

　「誰に会う予定か」を聞かれているので，これから会う相手を答えている③が正解。②は過去形なので不適切。

2 (1) ②

🔊 almost out of の音のつながりに注意して聞いてみましょう。

スクリプト	和訳
W: That was a great game!	W：いい試合だったね！
M: Let's play one more time.	M：もう一度やろうよ。
W: We're almost out of time.	W：もうほとんど時間がないわ。

選択肢の和訳
① 十分な時間がないよ。　② まだ5分あるよ。　③ いつもは何時に外出するの。

　「もうほとんど時間がない」という女性の最後の発言に対する応答としては，「まだ5分ある」と言っている②が正解。

(2) ②

🔊 want you の下線部では，/t/（トゥ）＋ /j/（ユ）→ /tʃ/（チュ）のようにつながって音が変身します。

スクリプト	和訳
M: Do you have all your tickets and your passport?	M：航空券とパスポートは持った？
W: Yes, Dad. Look! I'm ready.	W：ええ，パパ。見て！　準備はできているわ。
M: Well, I want you to call me as soon as you get there!	M：じゃあ，着いたらなるべく早く電話して！

① 私のパスポートと航空券はここよ。 ② メールするね。 ③ 私の電話を使っていいわよ。

　最初のやり取りから，女性は男性の娘で，海外に出かけるところだとわかります。父親
の I want you to call me（電話をして欲しい）に対する適切な応答は，電話をする代わり
に send you a text（メールを送る）と伝えている②が正解。

(3) ②

🔊 wha(t) time, las(t) train のように，連続する音が脱落します。音の脱落に注意して
聞いてみましょう。

スクリプト	和訳
W: Are you sure we have time?	W：本当に時間があるの？
M: Don't worry! It'll be fine.	M：心配ないよ！　大丈夫。
W: But what time is the last train?	W：でも，終電は何時なの？

選択肢の和訳

① 切符を持っているよ。　② 夜中の 12 時頃だよ。　③ それが終電だよ。

　終電の時間を聞かれているので，時間を答えている②が正解。

3 (1) ④

🔊 book it, book it online, mine online already, check it out の音のつながりに注意
して聞いてみましょう。

Lesson 12

スクリプト	和訳
W: Did you book the ticket to the talk?	W：講演会のチケットは予約した？
M: Do we have to book it?	M：予約する必要があるの？
W: It says we need to book it online. I booked mine online already.	W：オンラインで予約する必要があると書いてあるわ。私のチケットはもう予約したよ。
M: I'll check it out later. I hope there are some left.	M：あとで見てみるよ。まだ残席があるといいけど。
Question: What will the man do?	質問：男性は何をするでしょうか。

選択肢の和訳

① 女性のためにチケットを予約します。　② 自分のチケットをキャンセルします。
③ 女性からチケットを買います。　④ インターネットでチケットを探します。

　最初のやり取りで the ticket to the talk（講演会のチケット）を予約したかどうかについ
て話しています。女性が we need to book it online（オンラインで予約する必要がある）と
言ったのに対し，男性は I'll check it out later. I hope there are some left.（あとで見てみる

よ。まだ残席があるといいけど。）と応答しているので，男性はインターネットでチケットを予約しようとすると考えられます。正解は④。

(2) ①

🔊 女性の最後の発言は普通の文の形ですが，<mark>提案の意図を込めて</mark><u>上げ調子</u>で発音されています。イントネーションに注意して聞いてみましょう。

スクリプト	和訳
M: Where would you like to go tonight?	M：今夜，どこへ行きたい？
W: It depends.　Do you want Italian, Chinese or Indian?	W：場合によるわね。イタリアン，中華，それともインド料理がいい？
M: I don't like Indian, but I do like Chinese and Italian.	M：インド料理は好きではないけど，中華とイタリアンは好きだよ。
W: <u>There's a new Chinese place in the mall?</u>	W：モールの中に新しい中華料理の店があるけど？
Question: Where does the woman suggest going tonight?	質問：女性は今夜どこへ行こうと提案していますか。

選択肢の和訳
① 中華料理店。　② インド料理店。　③ イタリア料理店。　④ スペイン料理店。

　どこへ行くかについて，女性は1つ目の発言で Do you want Italian, Chinese or Indian?（イタリアン，中華，それともインド料理がいい？）と男性の意向を聞き，男性が I don't like Indian, but I do like Chinese and Italian.（インド料理は好きではないけど，中華とイタリアンは好きだよ。）と答えると，There's a new Chinese place in the mall?（モールの中に新しい中華料理の店があるけど？）と言っています。ここから中華料理を提案していると考えられるので答えは①。

(3) ④

🔊 <u>do it at</u> の音のつながりに注意して聞いてみましょう。

スクリプト	和訳
M: Which pages did Mr. Armstrong set for homework?	M：アームストロング先生はどのページを宿題に出した？
W: What?　You mean you haven't done it yet?	W：えっ！　まだやっていないってこと？
M: I was busy practicing for a soccer game.	M：サッカーの試合のための練習で忙しかったんだ。
W: Here, look!　These three pages! You'll have to <mark>do it at</mark> lunch time.	W：ほら，見て！　この3ページよ！昼休みにやらなければならないわよ。

Question: What will the boy have to do?

質問：男の子は何をしなければならないでしょうか。

選択肢の和訳

① 昼休みのあとに宿題をします。　② 女の子と昼食を食べます。

③ 昼食の前にサッカーを練習します。　④ 昼休み中に勉強します。

　男の子に宿題の範囲を聞かれた女の子が，彼が宿題をまだやっていないことに驚き，範囲を教えてから，You'll have to do it at lunch time.（昼休みにやらなければならないわよ。）と言っているので④が正解。

4 (1)② (2)③ (3)⑤ (4)⑥

We offer several tours, starting at the basic trip to our visitor center, where, for $15, you can see the history of the company and buy exclusive gifts. のように，長い文中で情報を付け加えながら話す場合，意味の固まりごと（We offer several tours, ／ starting at the basic trip to our visitor center, ／ where, for $15,）に上げ調子で発音され，最後の固まり（you can see the history of the company and buy exclusive gifts）は下げ調子で発音されることで，文の終わりを示します。イントネーションに注意して聞いてみましょう。

スクリプト

White Gold Chocolatier Center: this is where we make all our amazing chocolate and cookies and where you can have your own White Gold experience. We offer several tours, starting at the basic trip to our visitor center, where, for $15, you can see the history of the company and buy exclusive gifts. If you want a hands-on experience, you can join our master chocolatier on our Chocolate Heaven tour of the factory, where for $45 you can even try making your own chocolate blend. We also offer a shuttle service at $10 per person from Jamestown station. Apply online or call for more details.

和訳

ホワイト・ゴールド・ショコラティエ・センター：ここは当社のすべての素晴らしいチョコレートとクッキーを作っている場所で，皆様にはご自身のホワイト・ゴールド体験をしていただけます。いくつかのツアーを提供しており，まずビジターセンターへのベーシックツアーでは，15ドルで当社の歴史をご覧いただき，限定ギフトをお求めいただけます。参加型の体験をお望みでしたら，熟練ショコラティエと一緒に工場のチョコレート天国ツアーに参加していただけます。このツアーでは45ドルで，チョコレートをあなたのオリジナルで調合してみることもできます。お一人10ドルでジェームズタウン駅との送迎サービスも提供しています。お申し込みはオンラインで，詳細はお電話でおたずねください。

Lesson 12

目的地	種類	価格（1人当たり）
ビジターセンター	ツアー	(1)
	ツアー＋送迎	(2)
工場	ツアー	(3)
	ツアー＋送迎	(4)

① 10 ドル　② 15 ドル　③ 25 ドル　④ 35 ドル　⑤ 45 ドル　⑥　55 ドル

We offer several tours, starting at the basic trip to our visitor center, where, for $15, ... （いくつかのツアーを提供しており，まずビジターセンターへのベーシックツアーでは 15 ドルで…），Chocolate Heaven tour of the factory, where for $45 ... （チョコレート天国ツアーでは 45 ドルで…），We also offer a shuttle service at $10 per person（お一人 10 ドルで送迎サービスも提供しています）とあるので，(1)のビジターセンターへのツアーは② 15 ドル，(2)の送迎付きは③ 25 ドル，(3)の工場へのツアーは⑤ 45 ドル，(4)の送迎付きは⑥ 55 ドルとなる。

Step 2
Let's Speak!

答え

1 (1)④　(2)③　(3)②　　**2** A⑥　B④　C②

解説

1 (1)④

🔊 I think some people will read e-books, while others will still read paper books. は，前半が下げ調子→上がり調子，while 以下の後半が下げ調子になるように，イントネーションに注意して発音しましょう。

スクリプト	和訳
Do you think paper books will disappear in the future?	紙の本は将来なくなると思いますか。

選択肢の和訳

① 本を読むのが大好きで，将来はたくさんの本を読みたいです。
② きっと，将来多くの人々が本を読んだり書いたりするのを楽しむだろうと思います。
③ 人々はいつでも本を読むのを楽しんでいるだろうと思います。
④ 電子書籍を読む人もいれば，紙の本を読み続ける人もいると思います。

104

「紙の本は将来なくなると思うか」と聞かれているので，紙の本と電子書籍のどちらの利用者もいるだろう，つまり紙の本はなくならないだろうという考えを述べている④が正解。②と③は，紙の本について述べているのかどうかがわからないので不適切。

(2) ③

🔊 a lot of は音のつながりに注意して発音しましょう。また，be sol(d) to のように脱落する音に注意して発音してみましょう。

スクリプト	和訳
Some people think certain kinds of games, like violent games, are bad for children. What do you think?	暴力的なゲームなど，ある種のゲームは子どもにとって有害だと考える人もいます。あなたはどう思いますか。

選択肢の和訳

① 将来，子どもたちはもっと運動するべきだと思います。
② 子どもたちはゲームをしすぎてはいないと思います。
③ 小さい子どもに売るべきではないゲームがたくさんあると思います。
④ コンピュータを使いすぎると，書くことが上手にならない子どももいるでしょう。

　「ある種のゲームは子どもにとって有害か」についての意見を聞かれています。「小さい子どもに売るべきではない」，つまり「小さい子どもに有害な」ゲームがたくさんあると答えている③が正解。

(3) ②

🔊 I try to eat less fast food and more organic food if I can. は less fast food と more organic food の対比が強調されるように，文の強弱リズムに注意して発音しましょう。

スクリプト	和訳
Do you think you eat healthily? What can you do to eat more healthily in the future?	あなたは健康的な食事をしていると思いますか。将来もっと健康的な食事をするためにあなたにできることは何ですか。

選択肢の和訳

① 人々はコンビニの食品を食べすぎていると思います。
② できればファストフードを減らし，もっとオーガニック食品を食べるようにします。
③ 日本はもっと自分たちの食べものを育てる必要があります。
④ 伝統的な日本の食べものは世界で最も健康的なものの1つです。

　「健康的な食事をするためにできること」を聞かれているので，健康によい食習慣を具体的に答えている②が正解。

Lesson 12

2 A⑥ B④ C②

🔊 A の aroun(d) the, B の foo(d) do のように, 脱落する音に注意して発音しましょう。また, B の kind of, C の speak any の音のつながりにも注意してみましょう。

選択肢の和訳
① 他の文化に興味がありますか。
② 英語や日本語以外の言語を何か話せますか。
③ 飛行機で旅行するのは好きですか。
④ どんな食べものが好きですか。
⑤ 旅行で最も嫌なことは何ですか。
⑥ 世界中でどの国に行ったことがありますか。

A は「どの国に行ったことがあるか」とたずねている⑥が正解。B は「どんな食べものが好きか」とたずねている④が正解。C は「英語や日本語以外の言語を話せるか」とたずねている②が正解。

スクリプト	和訳
M: Hello, may I ask you some questions?	M：こんにちは, いくつか質問をしてもいいですか。
W: Sure.	W：もちろん。
M: Which countries around the world have you been to?	M：世界中でどの国に行ったことがありますか。
W: I've been to the UK, Indonesia, China, and Spain. And I'm going to visit Russia next week.	W：イギリス, インドネシア, 中国, スペインに行ったことがあります。それから来週ロシアを訪ねる予定です。
M: What kind of food do you like to eat?	M：どんな食べものが好きですか。
W: I like Asian food, so I really enjoyed the food in Indonesia and China. I also liked the Indian curry I had in the UK.	W：アジア料理が好きなので, インドネシアと中国の食べものを本当に楽しみました。イギリスで食べたインドのカレーも好きでした。
M: Do you speak any languages other than English or Japanese?	M：英語や日本語以外の言語を何か話せますか。
W: I speak Spanish, which I studied at university. I tried using some phrases during the trip, and people there were very friendly.	W：大学で学んだスペイン語を話せます。旅の間にいくつかのフレーズを使ってみましたが, 現地の人々はとても親しみやすかったです。

Training

🔊 miracle の下線部は「クル」ではなく「コゥ」のように発音されます。同様に，bottle, little, final の下線部も，「トォゥ」「トォゥ」「ノゥ」のように発音されます。New Zealand, play などの明るい L との違いに注意しながら発音してみましょう。

Step1
練習問題

答え
(1) ④　(2) ④　(3) ③

解説

(1) ④

🔊 vehicle(s), bicycle の下線部は「コゥ」のように発音されます。暗い L の音に注意して聞きましょう。

スクリプト	和訳
W: What does this sign mean?	W：この標識はどういう意味？
M: It means "no vehicles". You can't drive or ride a motorbike down this road.	M：「車両（通行）禁止」だよ。この道は車やバイクでは通れないんだ。
W: How about a bicycle?	W：自転車はどうなの？
M: The sign only talks about motor vehicles.	M：この標識はエンジンで動く車両のことだけを言っているんだ。

設問文の和訳
この道はどうやって通ることができますか。

選択肢の和訳
① バスで。　② 車かオートバイのみで。　③ 徒歩のみで。　④ 徒歩か自転車で。

　男性は You can't drive or ride a motorbike down this road.（この道は車やバイクでは通れない。）と言い，女性の How about a bicycle?（自転車はどうなの？）という質問に対して，The sign only talks about motor vehicles.（標識はエンジンで動く車両のことだけを言っているんだ。）と言っているので，徒歩や自転車は通行できると考えられる。④が正解。

(2) ④

🔊 wool, silk の下線部は「ウ」のように発音されます。暗い L の音に注意して聞きましょう。

107

スクリプト	和訳
M: Which jacket are you getting?	M：どのジャケットを買うつもり？
W: Maybe this one. It is made of wool and cotton, so it should be warm.	W：多分これかな。ウールと綿でできているから暖かいはず。
M: You're right. That one is just cotton. It looks more like a summer jacket.	M：そうだね。あれは綿だけだ。どちらかと言えば夏のジャケットのように見えるね。
W: And the silk one is also quite thin, too.	W：絹のもかなり薄いしね。

設問文の和訳

女性はどのジャケットを買うでしょうか。

選択肢の和訳

① 綿のジャケット。② 絹のジャケット。③ ウールのジャケット。④ ウールと綿のジャケット。

　男性の Which jacket are you getting?（どのジャケットを買うつもり？）に対して女性は Maybe this one. It is made of wool and cotton, so it should be warm.（多分これかな。ウールと綿でできているから暖かいはず。）と言っている。男性も同意しているので，④が正解。

(3) ③

🔊 careful の下線部は「フォゥ」のように発音されます。暗い L の音に注意して聞きましょう。

スクリプト	和訳
W: You know, we're thinking of getting a pet dog or cat.	W：ほら，うちで犬かネコを飼おうと考えているのよ。
M: That's great. How will you decide?	M：いいね。どうやって決めるの？
W: We're talking about it now. Which do you think is better?	W：今話し合っているところなの。どっちがいいと思う？
M: Hmm, oh wait, you already have a bird, don't you? In that case, you need to be very careful with a cat.	M：うーん，あ，待って，君はすでに鳥を飼ってるんじゃなかった？ その場合，ネコにはとても注意が必要だよね。

設問文の和訳

男の子はどのペットの方がいいだろうと思っていますか。

選択肢の和訳

① 鳥。　② ネコ。　③ 犬。　④ ネコか犬。

　女の子は we're thinking of getting a pet dog or cat（うちで犬かネコを飼おうと考えている）と言っているので，ペットとして検討されているのは犬かネコである。どちらがよいかと聞かれて，男の子は，女の子が鳥を飼っていることを思い出し，In that case, you need to be very careful with a cat.（その場合，ネコにはとても注意が必要だよね。）と答えることで，ネコよりも犬がよいだろうと示唆していると考えられるので，③が正解。①の鳥は女の子がすでに飼っているもので，今回検討されているものではないので不適切。

Training

答え

(1) vehicles　(2) wool　(3) careful

🔊 暗い L の音に注意して発音してみましょう。

(1) The sign only talks about motor vehicles.（コゥ）
(2) This jacket is made of wool and cotton.（ゥ）
(3) You need to be very careful with a cat.（フォゥ）

英文の訳

(1) この標識はエンジンで動く車両のことだけを言っています。
(2) このジャケットはウールと綿でできています。
(3) ネコにはとても注意が必要です。

実戦問題

答え

■ (1)② (2)④ (3)② ② (1)③ (2)① (3)② ③ (1)③ (2)② (3)④
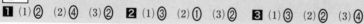

解説

■ (1)②

🔊 double の下線部は「ボゥ」のように発音されます。暗い L の音に注意しましょう。

スクリプト	和訳
I don't need the double. A smaller one is fine.	ダブルは要りません。もっと小さいのでいいです。
選択肢の和訳	
① 男性はアイスクリームが欲しくありません。	
② 男性はシングルを食べるでしょう。	
③ 男性はダブルが欲しいです。	
④ 男性はトリプルを選ぶでしょう。	

　男性は「ダブルはいらない」「もっと小さいのでいい」と言っていることから，ダブルより小さいサイズであるシングルを買うと考えられるので，②が正解。

(2) ④

🔊 pineapple の下線部は「ポゥ」のように発音されます。暗い L の音に注意しましょう。

スクリプト	和訳
I don't mind ham, tuna or cheese, but I'm not keen on pineapple.	ハム，ツナ，チーズは嫌いではないですが，パイナップルはあまり好きではありません。

選択肢の和訳
① チーズとハムのピザが最もよい選択です。
② ツナとチーズのピザが最も人気があります。
③ 話し手はチーズのピザを買うでしょう。
④ 話し手はハムとパイナップルのピザは選ばないでしょう。

　「ハム，ツナ，チーズは嫌いではないが，パイナップルはあまり好きではない」と言っているので，④が正解。他の選択肢については発言から判断できません。

(3) ②

🔊 call の下線部は「ゥ」のように発音されます。暗い L の発音に注意して聞きましょう。

スクリプト	和訳
I was playing soccer in the park when I suddenly got a call from Jim.	突然ジムから電話がかかってきた時，私は公園でサッカーをしていました。

選択肢の和訳
① ジムは話し手とサッカーをしていました。
② ジムは話し手と話をしたいと思っていました。
③ 話し手はジムがサッカーをするのを見ていました。
④ 話し手はジムと一緒にサッカーを見ていました。

　「サッカーをしている最中にジムから電話がかかってきた」ということは，ジムが話し手と話がしたかったということなので，②が正解。

2 (1) ③

🔊 table, middle の下線部は，「ボゥ」「ドゥ」のように発音されます。暗い L の音に注意して聞きましょう。

スクリプト	和訳
W: Do you want the vase on the desk? M: You mean the one at the side? I'd rather put some of my plastic models there.	W：花瓶は机の上に置きたい？ M：脇にある机のこと？　そこにはむしろ僕のプラモデルを置きたいんだ。

110

W: Maybe on the shelves?	W：棚の上がいいかしらね。
M: Hmm, that might not be very safe. Let's put it on the <u>table</u> in the <u>middle</u>.	M：うーん，それだとあまり安全じゃないかも。真ん中のテーブルの上に置こうよ。
Question: Where does the man want to place the vase?	質問：男性は花瓶をどこに置きたいと思っていますか。

　　女性が最初に提案した「机の上」に男性は「プラモデルを置きたい」と言い，女性が次に提案した「棚」について男性は「あまり安全ではない」と言っています。男性は最後の発言で Let's put it on the table in the middle.（真ん中のテーブルの上に置こう。）と言っているので，部屋の中央のテーブルの上にある③が正解。

(2) ①

🔊 ankle, pur<u>ple</u> の下線部は，「コゥ」「ポゥ」のように発音されます。暗い L の音に注意して聞きましょう。

スクリプト	和訳
W: Where does it hurt most?	W：どこが一番痛いですか。
M: It's more my leg than my foot.	M：どちらかと言えば足首より上です。
W: Not near your <u>ankle</u>?	W：足首の近くではないのですね？
M: No, <u>more like just above it</u>. Here, you can see it has gone a little pur<u>ple</u>.	M：はい，近くというよりちょうどその上あたりです。ここです，少し紫色になっているのがわかりますよね。
Question: Where is the boy experiencing pain?	質問：男の子はどこに痛みを感じていますか。

　　Where does it hurt most?（どこが一番痛いですか。）という女性の最初の質問に男の子は，It's more my leg than my foot.（足首から下の部分（= foot）というより上の部分（= leg）です。）と答え，次に Not near your ankle?（足首の近くではないのですね？）という質問に対して，No, more like just above it.（はい，近くというよりちょうどその上あたりです。）と答えているので，①が正解。

(3) ②

🔊 pu<u>ll</u> の下線部は「ゥ」のように発音されます。暗い L の音に注意して聞きましょう。

スクリプト	和訳
M: Are you ready?	M：準備はいいかい？
W: Yes, Dad! Let's go!	W：うん，パパ。出発しよう！
M: Amy, just one thing. <u>Why don't you go back to your room and pu</u><u>ll back</u>	M：エイミー，1つだけいいかい。出かける前に君の部屋に戻ってカーテンを

the curtain before we go?	開けてきたらどうかな。
W: <u>That's Jack's room. Mine is the one</u> <u>next to that.</u>	W：それはジャックの部屋だよ。私のはその隣。
Question: Which room belongs to Amy?	質問：どの部屋がエイミーの部屋ですか。

　Why don't you go back to your room and pull back the curtain before we go?（出かける前に君の部屋に戻ってカーテンを開けてきたらどうかな。）という父親の提案に，エイミーと呼ばれた女の子は That's Jack's room. Mine is the one next to that.（それはジャックの部屋だよ。私のはその隣。）と答えていることから，カーテンが閉まった部屋（＝④）の隣だとわかります。よって②が正解。

3 (1) ③

🔊 temple, castle, hotel, local の下線部は，「ポゥ」「ソゥ」「テゥ」「コゥ」のように発音されます。暗い L の音に注意して聞きましょう。

スクリプト	和訳
W: Which should we visit today, the temple or the castle?	W：今日はお寺とお城，どちらへ行くべきかしら。
M: Well, the temple is near the hotel.	M：そうだな，お寺がホテルに近いよ。
W: But we can get the rapid train to the castle. Maybe we could do both?	W：でもお城までは快速電車で行けるわ。多分両方行けるんじゃないかしら。
M: Let's just stay in the local area today.	M：今日は近場にいようよ。

設問文の和訳
男性は今日どこへ行きたいですか。

選択肢の和訳
① お城。　② 最初にお城へ行ってからお寺。　③ お寺。　④ 最初にお寺へ行ってからお城。

　女性の Which should we visit today, the temple or the castle?（今日はお寺とお城，どちらへ行くべきかしら。）という問いかけに，男性は the temple is near the hotel（お寺がホテルに近いよ）と応答し，次に女性が Maybe we could do both?（多分両方行けるんじゃないかしら。）と言うと，男性は Let's just stay in the local area today.（今日は近場にいようよ。）と言っています。このことから男性はホテルに近いお寺だけに行きたがっていると考えられるので，③が正解。

(2) ②

🔊 until, final, battle の下線部は「ティゥ」「ノゥ」「トォゥ」のように発音されます。暗い L の音に注意して聞きましょう。

112

スクリプト	和訳
M: It says here there was a war between the red and blue armies here, about 400 years ago.	M：この場所で約 400 年前に赤軍と青軍の間で戦争があったと書いてあるよ。
W: It's hard to believe now. It's so peaceful.	W：今では信じられないわね。とても平和だわ。
M: <u>Until the final battle, it went badly for the blue army.</u>	M：最後の戦いまでは，青軍に不利な戦局だったんだ。
W: Oh, what happened then?	W：まあ，それからどうなったの？

設問文の和訳

この会話から戦争はどのように終わったと想像できますか。

選択肢の和訳

① 夢だった。　② 青軍が勝った。　③ 赤軍が勝った。　④ 両軍は戦争に負けた。

男性の Until the final battle, it went badly for the blue army.（最後の戦いまでは，青軍に不利な戦局だったんだ。）のあとには「最後の戦いで形勢が逆転した」という内容が続くと想像できるので，②が正解。

(3)④

◀ apple, maple, bottle の下線部は，「ポゥ」「ポゥ」「トォゥ」のように発音されます。暗い L の音に注意して聞きましょう。

スクリプト	和訳
M: Welcome to the Pancake House. May I take your order?	M：パンケーキハウスへようこそ。ご注文をおうかがいしましょうか
W: I can't decide between the <u>apple</u> and the blueberry pancake.	W：リンゴのパンケーキとブルーベリーのパンケーキのどちらにするか決められないんです。
M: The blueberry comes with cream, while <u>the apple is best with maple syrup.</u>	M：ブルーベリーにはクリームが付いていますが，リンゴはメープルシロップとの相性が最高です。
W: Okay, <u>I'll go for the apple. The maple syrup is in this bottle here, right?</u>	W：わかりました，リンゴにします。メープルシロップはこのボトルに入っているんですよね？

設問文の和訳

女性は何を食べるでしょうか。

選択肢の和訳

① ブルーベリーとリンゴのパンケーキ。

② クリームの付いたブルーベリーのパンケーキ。
③ シロップの付いたブルーベリーのパンケーキ。
④ シロップの付いたリンゴのパンケーキ。

　　男性は The blueberry comes with cream, while the apple is best with maple syrup.（ブルーベリー（のパンケーキ）にはクリームが付いていますが，リンゴはメープルシロップとの相性が最高です。）と説明し，それに対して女性は I'll go for the apple. The maple syrup is in this bottle here, right?（リンゴにします。メープルシロップはこのボトルに入っているんですよね？）と応答しているので，答えは④。

Training

◀ 問題冊子に示されたように，暗い L の音に注意して発音してみましょう。

英文の訳
❶ ダブルは要りません。
❷ パイナップルはあまり好きではありません。
❸ 突然ジムから電話がかかってきました。
❹ どこか真ん中に置きましょう。
❺ 足首の近くではないのですか。
❻ 出かける前にカーテンを開けたらどうでしょうか。
❼ お寺はホテルに近いです。
❽ 最後の戦いまでは，青軍に不利な戦局でした。
❾ リンゴのパンケーキはメープルシロップと合わせるのが最高です。

Let's Speak!

答え
(1) ② 　(2) ③ 　(3) ②

解説
(1) ②

◀ example （ポゥ）暗い L の音に注意して発音してみましょう。

スクリプト	和訳
What do you think is the best way for the world to stop global warming?	世界の国々が地球温暖化を止めるための最善の方法は何だと思いますか。

選択肢の和訳
① 地球温暖化は今，世界で最も大きな問題の 1 つだと思います。
② 裕福な国が地球温暖化に立ち向かうよい見本を示すべきだと思います。

③ 裕福な国はこの問題に対して最も責任があります。
④ この問題を解決することができるたくさんの方法があります。

　「地球温暖化を止めるための最善の方法は何か」と聞かれています。「裕福な国が地球温暖化に立ち向かうよい見本を示す」ことは，地球温暖化を止めるための1つの方法だと言えるので②が正解。

(2) ③

🔊 <u>health</u>（ヘゥ），<u>school</u>（クゥ）暗いLの音に注意して発音してみましょう。

スクリプト	和訳
How do you think we can stop young people from smoking?	どうすれば若い人の喫煙を防ぐことができると思いますか。

選択肢の和訳

① タバコのパッケージには警告が書かれています。
② 人々は喫煙所だけで喫煙するべきです。
③ 喫煙が健康にもたらす影響が学校で教えられるべきです。
④ 喫煙者の数は最近減ってきています。

　「どうすれば若い人の喫煙を防ぐことができるか」を聞かれています。「喫煙が健康にもたらす影響を学校で教える」ことは若い人の喫煙を防ぐ1つの方法だと言えるので，③が正解。

(3) ②

🔊 <u>people</u>（ポゥ），<u>able</u>（ボゥ）暗いLの音に注意して発音してみましょう。

スクリプト	和訳
Many people now get most of their news from the Internet.　How can Internet news be made more reliable?	多くの人々は今，ほとんどのニュースをインターネットで入手します。どうすればインターネットのニュースの信頼性を高めることができるでしょうか。

選択肢の和訳

① ほとんどの人はオンラインでニュースを読むことを選ぶと思います。
② 人々がニュースの出どころを知ることができる方がいいと思います。
③ 人々がアクセス可能なニュースチャンネルはたくさんあると確信しています。
④ インターネット上には信用できるニュースの記事がたくさんあります。

　「インターネットのニュースの信頼性を高める方法」を聞かれています。ニュースの出どころを知ることができれば信頼性につながると考えられるので，②は方法を具体的に答えていると言えます。

Lesson 13

Training

🔊 以下の下線部にある暗い L の音に注意して発音しましょう。

(1) I think richer countries should show a good exam<u>ple</u> of fighting it. （ポゥ）

(2) The impact of smoking on <u>heal</u>th should be taught in s<u>chool</u>. （ヘゥ，クゥ）

(3) I think peo<u>ple</u> should be a<u>ble</u> to know where the news is coming from.

（ポゥ，ボゥ）

英文の訳

(1) 裕福な国がそれに立ち向かうよい見本を示すべきだと思います。

(2) 喫煙が健康にもたらす影響が学校で教えられるべきです。

(3) 人々がニュースの出どころを知ることができる方がいいと思います。

Lesson 14 ラ行に聞こえる T の音

問題冊子 p.103／
音声はこちらから➡

Training

🔊 better や water, get on, not at all の下線部が,「ベラー」,「ゥワラー」,「ゲロン」,「ナ
ラローゥ」のように,日本語のラ行に近い音に変化しています。ラ行に聞こえる T
の音に注意しながら発音してみましょう。

練習問題

答え

(1) ④ (2) ④ (3) ①

解説

(1) ④

🔊 matter の下線部が日本語のラ行に近い音で発音されていることに注意しましょう。

スクリプト	和訳
M: Hi, Rachel. How's it going today?	M：やあ,レイチェル。今日は調子どう？
W: Hi, Vinnie. Hey, you don't look so great.	W：あらヴィニー。ねえ,あなたあまり具合がよさそうではないわね。
M: To be honest, I've not been feeling so well today.	M：実は今日はずっと気分があまりよくないんだ。
W: Why? What's the matter?	W：どうして？　どうしたの？

設問文の和訳

女性は男性に何について聞きましたか。

選択肢の和訳

① 彼女の計画。　② 彼女の問題。　③ 彼の計画。　④ 彼の問題。

　男性の 2 つ目の発言 I've not been feeling so well today.（今日はずっと気分があまりよ
くないんだ。）に対して女性は Why? What's the matter?（どうして？　どうしたの？）と
たずねているので,④が正解。

(2) ④

🔊 title の下線部が日本語のラ行に近い音で発音されていることに注意しましょう。

スクリプト	和訳
W: What's the title of that book you	W：ジャック,あなたが読んでいた,あの

117

were reading, Jack?	本の題名は何？
M: Oh, what was it? *The King of Hearts* or *The Jack of Hearts*... I can't remember which.	M: ああ，なんだっけ？『ハートのキング』か，『ハートのジャック』か…どちらか思い出せない。
W: Are you sure it wasn't *Queen of Hearts*?	W:『ハートのクイーン』でないことは確か？
M: No, I think I was right the first time. Yeah, that's it.	M: うん，最初のが正しかったと思う。そう，それだ。

設問文の和訳

彼らは何について話していますか。

選択肢の和訳

① 映画の登場人物。　② 店の場所。　③ カードゲームのルール。　④ 本の題名。

　女性は What's the title of that book you were reading, Jack?（ジャック，あなたが読んでいた，あの本の題名は何？）とたずねており，対話はこれについて展開されています。よって④が正解。

(3) ①

🔊 forty, better, little の下線部が日本語のラ行に近い音で発音されていることに注意しましょう。

スクリプト	和訳
W: What was the speed limit on this road?	W：この道路の制限速度は何（キロ）だっけ？
M: I'm not sure. Sixty or seventy, I think.	M：わからないな。60 か 70 だと思うよ。
W: Isn't it forty?	W：40 ではない？
M: Oh, you're right. There's a sign. You'd better slow down a little.	M：ああ，そのとおりだ。標識がある。少しスピードを緩めた方がいいね。

設問文の和訳

この道の制限速度は何（キロ）ですか。

選択肢の和訳

① 40。　② 50。　③ 60。　④ 70。

　女性に速度を聞かれて，男性はまず Sixty or seventy, I think.（60 か 70 だと思う。）と答え，女性に Isn't it forty?（40 ではない？）と念を押されると，Oh, you're right. There's a sign. You'd better slow down a little.（ああ，そのとおりだ。標識がある。少しスピードを緩めた方がいいね。）と答えています。男性は標識を見て 40 だと認めたと考えられるので，①が正解。

Training

答え

(1) matter　(2) title　(3) forty

🔊 下線部が日本語のラ行に近い音になることに注意して発音してみましょう。

(1) What's the matter?　（マ<u>ラ</u>ー）

(2) What's the title of that book you were reading?　（タイ<u>ロ</u>ゥ）

(3) Isn't it forty?　（フォー<u>リ</u>ィ）

英文の訳

(1) どうしましたか。

(2) あなたが読んでいた，あの本の題名は何ですか。

(3) 40 ではないですか。

実戦問題

答え

1 (1) ②　(2) ①　(3) ③　　**2** (1) ③　(2) ②　(3) ②　　**3** (1) ①　(2) ①　(3) ④

解説

1 (1) ②

🔊 hitting の下線部が日本語のラ行に近い音で発音されていることに注意しましょう。

スクリプト	和訳
① The boy is picking up the ball.	① 男の子はボールを拾っています。
② The boy is hitting the ball hard.	② 男の子はボールを強く打っています。
③ The boy is throwing the ball.	③ 男の子はボールを投げています。

男の子がボールを打ち返したところなので②が正解。

(2) ①

🔊 daughter, getting, little の下線部が日本語のラ行に近い音で発音されていることに注意しましょう。

スクリプト	和訳
① He's playing with his daughter.	① 彼は娘と遊んでいます。
② The dog is getting a present.	② 犬はプレゼントをもらっています。
③ The little boys are happy.	③ 小さい男の子たちは喜んでいます。

男性が女の子と遊んでいるので①が正解。

(3) ③

🔊 waiter の下線部が日本語のラ行に近い音で発音されていることに注意しましょう。

スクリプト	和訳
① The woman is paying for her food.	① 女性は食事の代金を支払っています。
② The waiter is taking the order.	② ウェイターは注文を取っています。
③ The waiter is serving some coffee.	③ ウェイターはコーヒーを出しています。

ウェイターがカップを女性に出しているところなので③が正解。

2 (1) ③

🔊 city の下線部が日本語のラ行に近い音で発音されていることに注意しましょう。

スクリプト	和訳
W: Hi, Josh. Are you in the city now?	W：もしもしジョシュ。今街にいる？
M: No, I left about an hour ago.	M：いや，1 時間ほど前に出たよ。
W: Are you home yet?	W：もう家に着いた？
M: Yes, I've just parked the car.	M：うん，今車を止めたところ。

設問文の訳
男性は今どこにいますか。

最初のやり取りから男性は街にはいないとわかります。女性の Are you home yet?（もう家に着いた？）に対して Yes, I've just parked the car.（うん，今車を止めたところ。）と答えているので，③が正解。

(2) ②

🔊 party，thirty，lot of の下線部が日本語のラ行に近い音で発音されていることに注意しましょう。

スクリプト	和訳
M: Cathy, do you know if Maria's party is at 6:00 or 6:30 tonight?	M：キャシー，マリアのパーティーは今夜の 6 時か 6 時半わかる？
W: I'm pretty sure it's 8:00.	W：確実に 8 時よ。
M: No, that is Maddison's party. Maddison's party starts at 8:00 tomorrow.	M：違うよ，それはマディソンのパーティーだろう。マディソンのパーティーは明日の 8 時からだ。
W: Let me see.... You're right, Maria's party is at 6:30 tonight. We sure have a lot of parties to go to.	W：ええと…。そうね，マリアのパーティーは今夜の 6 時半だわ。本当にたくさんのパーティーに行かなければならないわ。

今日のパーティーは何時ですか。

　　男性の最初の質問 do you know if Maria's party is at 6:00 or 6:30 tonight?（キャシー，マリアのパーティーは今夜の6時か6時半かわかる？）に対して，女性が it's 8:00（8時）と答えていますが，男性が「8時に始まるのは明日の別のパーティーだ」と返すと，女性は少し考えて Maria's party is at 6:30 tonight（マリアのパーティーは今夜の6時半だわ）と言っています。したがって今日のパーティーは6時半となり，②が正解。

(3) ②

🔊 butter, better の下線部が日本語のラ行に近い音で発音されていることに注意しましょう。

スクリプト	和訳
W: Have you finished your shopping yet?	W：買いものはもう終わった？
M: Almost. I'm in the drug store now.	M：ほとんどね。今ドラッグストアにいるよ。
W: Let's meet outside the park. It's near the drug store.	W：公園の外で待ち合わせましょう。ドラッグストアの近くよ。
M: I just need to get some milk and butter, so the supermarket is better.	M：牛乳とバターだけ買わなければならないから，スーパーの方がいいな。

設問文の訳
男性は次にどこに行くでしょうか。

　　女性の2つ目の発言 Let's meet outside the park.（公園の外で待ち合わせましょう。）に対し，男性は I just need to get some milk and butter, so the supermarket is better.（牛乳とバターだけ買わなければならないから，スーパーの方がいいな。）と言っているので，このあとスーパーに行くと考えられます。よって②が正解。

3 (1) ①

🔊 heater, batteries の下線部が日本語のラ行に近い音で発音されていることに注意しましょう。

スクリプト	和訳
W: Can you turn the heater up?	W：暖房の温度を上げてくれる？
M: Sure. Wait, something's wrong. I can't get the remote to work.	M：いいよ。あれ，何かおかしい。リモコンが効かないんだ。
W: Maybe it's the batteries. Here, try these.	W：多分電池よ。はい，これを試してみて。

Lesson 14

| M: No, they're the wrong size. I'll look for some more. | M：だめだよ，サイズが違う。もっと他を探してみるよ。 |
| Question: What will the man do next? | 質問：男性は次に何をするでしょうか。 |

選択肢の和訳

① 他の電池を探します。　② リモコンを直そうとします。
③ 暖房をつけます。　④ 女性に渡された電池を使います。

　最初のやり取りで暖房のリモコンが効かないことがわかります。女性の Maybe it's the batteries. Here, try these.（多分電池よ。はい，これを試してみて。）に対し，男性は No, they're the wrong size. I'll look for some more.（だめだよ，サイズが違う。もっと他を探してみるよ。）と言っているので，①が正解。

(2) ①

　🔊 computer の下線部が日本語のラ行に近い音で発音されていることに注意しましょう。

スクリプト	和訳
M: I'm just trying to order pizza, but nothing happens.	M：ピザを注文しようとしているんだけど，何も反応がないよ。
W: Are you using the computer in the dining room?	W：ダイニングのコンピューターを使っているの？
M: Yes. Is the Internet down?	M：そうだよ。インターネットがダウンしているの？
W: No, but the computer is not working so well. You can use my tablet instead.	W：そうじゃないんだけど，そのコンピューターは調子があまりよくないの。代わりに私のタブレットを使っていいわ。
Question: What is the problem?	質問：問題は何ですか。

選択肢の和訳

① 何かコンピューターの調子がよくありません。
② インターネットがちゃんと作動していません。
③ ピザ店がウェブサイトを持っていません。
④ 女性はタブレットを見つけることができません。

　男性の最初の発言の I'm just trying to order pizza, but nothing happens.（ピザを注文しようとしているんだけど，何も反応がないよ。）について，男性がダイニングのコンピューターを使っていると聞いた女性は，the computer is not working so well（そのコンピューターは調子があまりよくない）と言っているので，①が正解。

122

(3) ④

🔊 getting, lighter の下線部が日本語のラ行に近い音で発音されていることに注意しましょう。

スクリプト	和訳
W: Do you think we should go to the park?	W：公園に行った方がいいと思う？
M: I don't know. It's still raining outside.	M：わからない。外はまだ雨が降っているね。
W: Yes, but the rain is getting lighter.	W：ええ。でも雨は小降りになってきているわ。
M: You're right. Let's wait for ten minutes, then leave the house.	M：そうだね。10分待ってから出かけよう。
Question: What is the weather going to be?	質問：天気はどうなるでしょうか。

選択肢の和訳

① もっと寒くなるでしょう。　② もっと暑くなるでしょう。
③ のちに雨がもっと強く降るでしょう。　④ もうすぐ雨はやむでしょう。

　女性の the rain is getting lighter（雨は小降りになってきている）とそれに対する男性の応答 You're right. Let's wait for ten minutes, then leave the house.（そうだね。10分待ってから出かけよう。）から，雨はじきにやみそうだと考えられるので④が正解。

Training

🔊 問題冊子に示されたように，ラ行に聞こえる T の音に注意しながら発音しましょう。

英文の訳

❶ 男の子はボールを強く打っています。
❷ 彼は娘と遊んでいます。
❸ ウェイターはコーヒーを出しています。
❹ 今街にいますか。
❺ マリアのパーティーは6時半です。
❻ 牛乳とバターだけ買わなければなりません。
❼ それはおそらく電池（が原因）です。
❽ そのコンピューターは調子があまりよくないです。
❾ 雨は小降りになってきています。

Lesson 14

Let's Speak!

答え

(1) ④   (2) ④   (3) ④

解説

(1) ④

🔊 motors（モゥラーズ）下線部が日本語のラ行に近い音で発音されていることに注意しながら発音してみましょう。

スクリプト	和訳
Should we stop driving cars to protect the environment?	環境を守るために車の運転はやめるべきですか。

選択肢の和訳

① 未来の車はおそらく飛べるようになるでしょう。
② 私たちは将来もっと注意深く運転する必要があると思います。
③ 運転は一律 20 歳からにするべきだと思います。
④ 車に電動モーターがついているのであれば，その車を運転したほうがいいと思います。

　「環境を守るために車の運転はやめるべきか」を聞かれています。「電動の自動車であれば運転するべき」という意見を答えている④が正解。

(2) ④

🔊 sitting（スィリング）下線部が日本語のラ行に近い音で発音されていることに注意しながら発音してみましょう。

スクリプト	和訳
What do you dislike the most about your part-time job?	あなたのアルバイトで一番嫌いなことはなんですか。

選択肢の和訳

① アルバイトで働くのは嫌いです。
② この仕事をして今では 5 年になります。
③ 私は生徒が新しいことを学ぶのを助けるのが好きです。
④ 一番嫌なことは一日中座っていることです。

　「アルバイトで一番嫌いなこと」を聞かれています。what I dislike the most を the worst thing と言い換えて嫌なことを答えている④が正解。

(3) ④

🔊 dirty（ダーリィ）下線部が日本語のラ行に近い音で発音されていることに注意しながら発音してみましょう。

スクリプト	和訳
What do you usually do to help your parents?	あなたは普段，何をして両親を手伝っていますか。

選択肢の和訳

① 両親は私の宿題について厳しすぎると思います。

② 母は私の部屋が汚い時によく怒ります。

③ 両親は共働きで遅くまで仕事をしています。

④ 父の車が汚れている時，私が時々それを洗います。

「どんな手伝いをしているか」を聞かれています。具体的に仕事を答えている④が正解。

Training

🔊 以下の下線部にある ラ行に聞こえるTの音 に注意して発音しましょう。

(1) If the cars have electric motors, I think people should drive them. （モゥラーズ）

(2) The worst thing is sitting down all day. （スィリング）

(3) When my father's car is dirty, I sometimes wash it. （ダーリィ）

英文の訳

(1) 車に電動モーターがついているのであれば，その車を運転したほうがいいと思います。

(2) 一番嫌なことは一日中座っていることです。

(3) 父の車が汚れている時，私が時々それを洗います。

Lesson 14

Lesson 15 母音のかたまり

問題冊子 p.111 ／
音声はこちらから➡

Training

◀ ball や caught の下線部は「オー」のようにやや長めに発音する音ですが, bowl や coat の下線部の発音は「オゥ」で1つの音だと考え,「オ」を強く長めに発音し, すぐに口を丸めて, なめらかに小さい「ゥ」を添えて発音します。また, get の下線部は日本語の「エ」に近い音ですが, gate や make の下線部の発音は「エィ」で1つの音だと考え,「エ」を強く長めに発音し, すぐに口をせばめて, なめらかに小さい「ィ」を添えて発音します。「エィ」や「オゥ」のような母音のかたまりに注意しながら発音しましょう。

練習問題

答え

(1) ② (2) ③ (3) ③

解説

(1) ②

◀ gate の下線部は,「エィ」のような母音のかたまりです。get の下線部「エ」との発音の違いに注意しながら聞いてみましょう。

スクリプト	和訳
W: Let's look for some gifts to give our parents.	W：お父さんとお母さんへのお土産を探しましょう。
M: Okay. Look at these cookies. They're perfect. Let's <u>get</u> one box for each person.	M：いいよ。このクッキーを見て。申し分ないよ。それぞれに1箱ずつ買おう。
W: Great. Oh, look at the long line to the cashier .... Which <u>gate</u> does our plane leave from?	W：いいわね。ああ, レジまでの長い列を見て…。私たちの飛行機はどのゲートから出るんだっけ？
M: <u>Gate</u> four. Don't worry, we have plenty of time.	M：4番ゲートだよ。心配ないよ, 時間はたっぷりある。

設問文の和訳

彼らはクッキーを全部で何箱買うでしょうか。

選択肢の和訳

① 1。　　② 2。　　③ 4。　　④ 8。

126

男性が Look at these cookies. They're perfect. Let's get one box for each person.（このクッキーを見て。申し分ないよ。それぞれに 1 箱ずつ買おう。）と言っています。one box for each person はここでは「両親のそれぞれに 1 箱ずつ」を意味するので，合わせて 2 箱買うとわかります。よって②が正解。

(2)③

🔊 cold の下線部は，「オゥ」のような母音のかたまりです。called の「オー」のようにやや長めに発音する母音との違いに注意しながら聞いてみましょう。

スクリプト	和訳
W: Do you know what the weather is like at grandmother's house?	W：おばあちゃんの家では天気がどんな感じかわかる？
M: It was really cold last year, wasn't it?	M：去年はとても寒かったよね。
W: Do you think we should take coats and sweaters?	W：コートとセーターを持って行った方がいいと思う？
M: Don't worry! She called earlier today and said it was warm.	M：心配ないよ！　今日，ちょっと前に電話があって，暖かいと言っていたよ。

設問文の和訳
今日の祖母の家の天気はどうでしょうか。

選択肢の和訳
① 晴れ。　② 雨。　③ 暖かい。　④ 寒い。

女性の Do you know what the weather is like at grandmother's house?（おばあちゃんの家では天気がどんな感じかわかる？）に男性は It was really cold last year, wasn't it?（去年はとても寒かったよね。）と応じていますが，次の発言で She called earlier today and said it was warm.（今日，ちょっと前に電話があって，暖かいと言っていたよ。）と言っているので，答えは③。

(3)③

🔊 coast の下線部は，「オゥ」のような母音のかたまりです。cost の「オー」のようにやや長めに発音する母音との発音の違いに注意しながら聞いてみましょう。

スクリプト	和訳
W: Where should we go camping this summer?	W：今年の夏はどこにキャンプに行くのがいいかしら。
M: Well, we went to the beach last year.	M：ええと，去年はビーチに行ったね。
W: Yes, let's go to the mountains rather than the coast.	W：ええ，海辺より山に行きましょう。
M: Sounds good. But we need to check the cost first.	M：いいね。でもまず料金を確認しなければね。

彼らは何を確認する必要がありますか。

① 海辺までどのくらいの距離か。　② 海辺に何を持って行くべきか。

③ 山へ行くのにいくらかかるか。　④ 山へ行くのに最適な時期はいつか。

　女性の let's go to the mountains rather than the coast（海辺より山に行きましょう）に対して，男性は Sounds good.（いいね。）と同意してから，But we need to check the cost first.（でもまず費用を確認しなければね。）と言っています。ここでの the cost は山へ行くのにかかる費用のことだと判断できるので，正解は③。

Training

答え

(1) gate　(2) called　(3) coast

🔊 下線部の母音に注意して発音してみましょう。

(1) Which gate does our plane leave from?（エィ）

(2) She called earlier today and said it was warm.（オー）

(3) Let's go to the mountains rather than the coast.（オゥ）

英文の訳

(1) 私たちの飛行機はどのゲートから出発しますか。

(2) 今日，ちょっと前に彼女から電話があり，暖かいと言っていました。

(3) 海辺より山に行きましょう。

Step2 実戦問題

答え

1 (1)③　(2)②　(3)④　　**2** (1)①　(2)③　(3)②

3 (1)Q1④　Q2②　(2)Q1③　Q2③　(3)Q1②　Q2①

解説

1 (1)③

🔊 ball の下線部は，「オー」のようにやや長めに発音する音です。bowl の「オゥ」のような母音のかたまりとの発音の違いに注意しながら聞いてみましょう。

スクリプト	和訳
They are playing with a ball while waiting for their cake to be baked.	彼らはケーキが焼けるのを待っている間にボールで遊んでいます。

they と言っているので，1 人ではなく，2 人でボールを使って遊んでいる③が正解。

(2) ②

🔊 wet の下線部「エ」は，wait や late の「エィ」のような母音のかたまりとの発音の違いに注意しながら聞いてみましょう。

スクリプト	和訳
The bus is late and they are getting wet.	バスが遅れていて，彼らは濡れています。

they are getting wet（彼らは濡れています）と言っているので，2 人が雨で濡れている②が正解。

(3) ④

🔊 fork の下線部は，短い「オ」＋ r のように聞こえます。「人々；フォークミュージック」を意味する folk や road の「オゥ」のような母音のかたまりとの発音の違いに注意しながら聞いてみましょう。

スクリプト	和訳
Look! There is a fork in the road!	見て！分かれ道だ！

fork には食事用の「フォーク」の他に「分かれ道」という意味があります。したがって④が正解。

2

(1) ①

🔊 edge を age と聞き間違えないように注意しましょう。edge の下線部「エ」とは違って，age の下線部は「エィ」という母音のかたまりです。

スクリプト	和訳
W: The view from here is beautiful. M: Let me look. W: Okay, but don't get too close to the edge. ① I'll be careful. ② I'll be 20 next month. ③ I've been waiting for ages.	W：ここからの眺めはきれいよ。 M：見せて。 W：いいわ。でもあまり端に近づきすぎないでね。 ① 気をつけるよ。 ② 来月に 20 歳になるよ。 ③ 僕はずいぶん長いこと待っているよ。

Lesson 15

女性の don't get too close to the edge（あまり端に近づきすぎないでね）は，最初のやり取りから考えると，どこか高いところから景色を眺めていて，「edge（端；縁）に近づきすぎると危ない」と忠告していると考えられます。よって「気をつける」と応答している①が正解。

(2) ③

🔊 letter を later と聞き間違えないように注意しましょう。letter の下線部「エ」とは違って，later の下線部は「エィ」という母音のかたまりです。

スクリプト	和訳
W: Have you spoken to Grandfather recently?	W：最近おじいちゃんと話した？
M: Not for a while. How about you?	M：しばらく話していないよ。君は？
W: I sent a letter today.	W：私は今日手紙を送ったわ。
① Can you call me back later?	① 後で僕に電話してくれる？
② Do it right now.	② 今すぐそれをしなよ。
③ He'll be happy to get it.	③ おじいちゃんはそれをもらって喜ぶだろうね。

　　最近祖父と話したかどうかが話題にされています。女性の最後の発言 I sent a letter today.（私は今日手紙を送ったわ。）に対する応答としては，Grandfather を he，a letter を it で受けて，「おじいちゃんはその手紙をもらって喜ぶだろう」と言っている③が正解。

(3) ②

🔊 sale を sell と聞き間違えないように注意しましょう。sale の下線部は「エィ」という母音のかたまり，sell の下線部は日本語の「エ」に近い音です。

スクリプト	和訳
M: Are you coming into town with us?	M：僕たちと一緒に街へ行く？
W: Why are you going there?	W：どうしてそこへ行くの？
M: There is a sale at the department store.	M：デパートでセールがあるんだ。
① I don't know if they sell that.	① それを売っているかどうかはわからないわ。
② I don't need anything right now.	② 今のところ何も必要ないの。
③ I don't want to sell anything today.	③ 今日は何も売りたくないの。

　　男性は Are you coming into town with us?（僕たちと一緒に街へ行く？）と女性を誘い，その理由を There is a sale at the department store.（デパートでセールがあるんだ。）と言っています。選択肢の中で適切な応答は「必要なものがない」と言って断っている②。

音声

3 (1)

🔊 law の下線部は，「オー」のようにやや長めに発音する音です。low の「オゥ」のような母音のかたまりとの発音の違いに注意しながら聞いてみましょう。また，fail の下線部は，「エィ」のような母音のかたまりです。fell の下線部「エ」との発音の違いに注意しながら聞いてみましょう。

スクリプト	和訳
There is an introduction to the university being held on Monday. If you are interested in either the law or economics departments, you should try to attend the talk. The talk will cover some basic information about the departments and how to apply for a place.	月曜日に大学の説明会が行われます。法学部か経済学部に興味があるのでしたら，ぜひ説明会に参加してみてください。説明会では，これらの学部についての基本的な情報と，出願方法について説明されます。
There are several ways of entering these departments, including a regular examination and an interview test. Even if you fail the examination, you may still be able to enter through the interview test, so it is important to come to the talk and find out which course and method of entering is best for you.	これらの学部に入る方法は一般試験や面接試験を含めていくつかあります。(一般)試験に受からなかったとしても，まだ面接試験で入ることができるかもしれないので，説明会を聞きに来て，どのコースと入試の方法が自分にとって最適かを見つけることが重要です。

Q1 ④

設問文の和訳
説明会の主な話題は何ですか。

選択肢の和訳
① 国内経済についての基本情報。　② 試験の得点を上げるいくつかの方法。
③ 経済学コースへの低い合格率。　④ 大学の 2 つの学部。

前半に If you are interested in either the law or economics departments, you should try to attend the talk. The talk will cover some basic information about the departments and how to apply for a place. (法学部か経済学部に興味があるのでしたら，ぜひ説明会に参加してみてください。説明会では，これらの学部についての基本的な情報と，出願方法について説明されます。) とあり，2 つの学部についての基本情報が主要な内容として含まれるので，④が正解。several ways of entering these departments (これらの学部に入るいくつかの方法) と述べているが，「試験の得点を上げる方法」については述べられていないので②は不適切。

Lesson 15

Q2 ②

いつ面接試験を受けるでしょうか。

選択肢の和訳

① （一般）試験に受かったあと。 　② もし（一般）試験に受からなかったら。
③ 説明会を聞きに来る前。 　　　　④ 説明会を聞きに来る時。

　　後半でEven if you fail the examination, you may still be able to enter through the interview test（（一般）試験に受からなかったとしても，まだ面接試験で入ることができるかもしれない）から，面接試験は（一般）試験に受からなかった人を対象に行われると考えられるので，②が正解。

(2)

🔊 waste の下線部は，「エィ」のような母音のかたまりです。west の下線部「エ」との発音の違いに注意しながら聞いてみましょう。bought の下線部は，「オー」のようにやや長めに発音する音です。boat の「オゥ」のような母音のかたまりとの発音の違いに注意しながら聞いてみましょう。

スクリプト	和訳
We are looking for volunteers to help us clean the lake in the park this weekend. The cleaning activities will begin at 9 am on Saturday and we hope to finish by Sunday afternoon. Some parts of the southern lake area are so full of waste that it is difficult for water birds to live there. We have bought several long-handled tools so that you can safely pick up the garbage from the side of the lake, but we recommend all volunteers wear boots and bring a change of clothes. Please help us to provide a clean lake for the birds and fish that live there.	私たちは今週末，公園内の湖の清掃を手伝ってくれるボランティアを探しています。清掃活動は土曜の午前9時に始まり，日曜の午後までに終わらせたいと思っています。湖の南側のエリアの一部はあまりにゴミであふれているので，水鳥が生息することが難しくなっています。私たちはいくつか長い柄のついた道具を購入し，湖岸から安全にゴミを拾えるようにしましたが，すべてのボランティアのみなさんには，長靴を履き，着替えを持ってくることをおすすめします。そこに住む鳥や魚のためにきれいな湖を提供するお手伝いをお願いします。

Q1 ③

> 設問文の和訳
>
> 湖のどのあたりが一番ゴミが多いですか。
>
> 選択肢の和訳
>
> ① 中央部。　② 東部。　③ 南部。　④ 西部。

　Some parts of the southern lake area are so full of waste（湖の南側のエリアの一部はあまりにゴミであふれている）から，③が正解。

Q2 ③

> 設問文の和訳
>
> 人々はどうやってゴミまで到達するでしょうか。
>
> 選択肢の和訳
>
> ① 長靴を履いて湖の中に入る。　② ボートに乗る。
> ③ 特別な道具を使う。　④ 特別な服を着る。

　We have bought several long-handled tools so that you can safely pick up the garbage from the side of the lake（私たちはいくつか長い柄のついた道具を購入し，湖岸から安全にゴミを拾えるようにしました）から，long-handled tools を special tools と言い換えた③が正解。we recommend all volunteers wear boots and bring a change of clothes（すべてのボランティアのみなさんには，長靴を履き，着替えを持ってくることをおすすめします）と述べているが，「長靴を履いて湖の中に入る」とは述べていないので①は不適切。

(3)

🔊 Claus と clothes，let と late の発音の違いに注意しながら聞いてみましょう。Claus の下線部は「オー」のようにやや長めに発音する音，clothes の下線部は「オゥ」のような母音のかたまりです。また，let の下線部は日本語の「エ」に近い音ですが，late の下線部は「エィ」のような母音のかたまりです。

スクリプト	和訳
Last October I received two invitations to birthday parties. One was a fancy dress party, while the other was a dance party. I prepared my costume for the fancy dress party. I imagined many people would dress as police officers or famous people, but I decided to go as Santa Claus. I arrived a little late but came into the room saying "Happy Birthday". I suddenly realized my mistake. This was the dance party. There were no police officers, dragons,	昨年の 10 月, 私は 2 つの誕生日パーティーへの招待を受けました。一方は仮装パーティーでもう一方はダンスパーティーでした。私は仮装パーティー用の衣装を用意しました。たくさんの人が警察官や有名人の仮装をすると想像したのですが, 私はサンタクロースで行くことにしました。少し遅れて到着しましたが,「お誕生日おめでとう」と言いながら部屋に入りました。突然, 私は自分の間違いに気づきました。こちらはダンスパーティーだったのです。警察官もドラゴンもプリンセスも有名人も

Lesson 15

princesses or famous people. <u>My friend laughed at me, but she let me change into my regular clothes and come back just in time for the birthday cake.</u>

いませんでした。友だちは私を見て笑いましたが，普段着に着替えて誕生日ケーキにちょうど間に合うように戻ってくるのを許してくれました。

Q1 ②

設問文の和訳
話し手はそのパーティーのために何を着ましたか。

選択肢の和訳
① 警察官の制服。　② サンタクロースの服。　③ ダンス用の服。　④ 普段着。

　中盤で I decided to go as Santa Claus.（私はサンタクロースで行くことにしました。）とあるので，答えは②。

Q2 ①

設問文の和訳
話し手の友だちはどのように反応しましたか。

選択肢の和訳
① 話し手が着替えるのを許しました。　② 自分の衣装を話し手に着させました。
③ 話し手が遅れたので怒りました。　④ 話し手が普段着を着ていたので驚きました。

　放送の最後で My friend laughed at me, but she let me change into my regular clothes and come back just in time for the birthday cake.（友だちは私を見て笑いましたが，普段着に着替えて誕生日ケーキにちょうど間に合うように戻ってくるのを許してくれました。）と述べているので①が正解。

Training
🔊 問題冊子に示されたように，下線部の**母音**に注意しながら発音してみましょう。
❾ <u>fo</u>rk の下線部は短い「オ」＋ r のような発音になります。r の音は唇を少し丸めながら舌の先を口の中で浮かせて発音します。それぞれの音の違いに注意しましょう。

英文の訳
❶ デパートでセールがあります。
❷ 湖の南側のエリアの一部はゴミであふれています。
❸ バスが遅れていて，彼らは濡れています。
❹ あまり端に近づきすぎないでください。
❺ 私は今日手紙を送りました。
❻ 彼女は私が普段着に着替えるのを許しました。
❼ 彼らはボールで遊んでいます。
❽ 法学部か経済学部に興味がありますか。
❾ 分かれ道です。

$Step^3$
Let's Speak!

答え

(1) ④ (2) ④ (3) ②

解説

(1) ④

🔊 walking（オー）／ own（オゥ）　母音の違いに注意して発音しましょう。

スクリプト	和訳
Please look at the picture. What is the boy doing?	絵を見てください。男の子は何をしていますか。

選択肢の和訳

① 彼は学校から歩いて帰るところです。
② 彼は何人かの友だちと学校へ行くところです。
③ 彼は1日休みを取っています。
④ 彼は1人で学校へ歩いて行くところです。

　男の子が学校の方向へ1人で歩いているので，④が正解。

(2) ④

🔊 always（オー）／ polar（オゥ）　母音の違いに注意して発音しましょう。

スクリプト	和訳
Many people have a favorite animal. What is your favorite animal, and why?	多くの人には好きな動物がいます。あなたの好きな動物は何ですか。またなぜですか。

選択肢の和訳

① すべての動物は違うのでそれがおもしろいです。
② たくさんのさまざまな動物について学びたいです。
③ 犬などの動物がどうやってコミュニケーションをとるのかに興味があります。
④ 美しいのでホッキョクグマがずっと好きです。

　好きな動物とその理由を聞かれているので④が正解。

(3) ②

🔊 raw：生の（オー）　row：列（オゥ）との母音の違いに注意して発音しましょう。

スクリプト	和訳
If an exchange student stayed with you, what kind of Japanese food would you introduce to them?	もし交換留学生があなたのところに滞在するとしたら，どんな日本食を紹介したいですか。

Lesson 15

① 私は外国の食べものについてあまり知りません。
② 生魚（刺身）を食べてみてもらいたいです。
③ 日本にはたくさんのさまざまな種類の食べものがあります。
④ 私の家の近くにはレストランが 4 軒並んでいます。

　　紹介したい日本食を聞かれているので，日本らしい食べものを答えている②が正解。

Training

🔊 下線部の母音に注意して発音しましょう。

(1) He's walking to school on his own.（オー，オゥ）

(2) I've always liked polar bears because they are beautiful.（オー，オゥ）

(3) I would like them to try raw fish.（オー）

英文の訳

(1) 彼は 1 人で学校へ歩いて行くところです。

(2) 美しいのでホッキョクグマがずっと好きです。

(3) 生魚（刺身）を食べてみてもらいたいです。

Lesson 16 紛らわしい子音

問題冊子 p.119／
音声はこちらから➡

Training

◀ sheet と seat, vote と boat, think と sink, lock と rock の下線部の音の違いに注意しながら発音してみましょう。

練習問題

答え
(1)④ (2)② (3)②

解説

(1)④

◀ leader と reader の下線部の子音の違いに注意しながら聞いてみましょう。

スクリプト	和訳
W: Jim, about the quiz competition next week, can I be the team leader for the quiz?	W：ジム，来週のクイズ大会のことなんだけど，私がクイズのチームリーダーになってもいい？
M: Sure, Lucy! We have two teams, so we need two leaders.	M：もちろんだよ，ルーシー！　2 チームあるから 2 人リーダーが必要だね。
W: Janet can be the leader of team B.	W：ジャネットが B チームのリーダーになれるわ。
M: Okay. I'll go on Janet's team. Sue, can you be the question reader?	M：わかった。僕はジャネットのチームに入るよ。スー，君は問題を読む係になってくれる？

設問文の和訳
誰が大会で問題を読むでしょうか。

選択肢の和訳
① ジャネット。　　② ジム。　　③ ルーシー。　　④ スー。

　男性の最後の発言 Sue, can you be the question reader?（スー，君は問題を読む係になってくれる？）より，④が正解。

(2)②

◀ worth と worse の下線部の子音の違いに注意しながら聞いてみましょう。

スクリプト	和訳
M: Okay, which shirt should I get?	M：それでどのシャツを買ったらいいかな。
W: How much is the green one?	W：緑のシャツはいくら？
M: $60. The blue one is $25.	M：60 ドルだよ。青いシャツは 25 ドルだ。
W: I don't think that is worth $60. The design is worse than the cheaper one.	W：それには 60 ドルの価値はないと思う。安い方よりデザインが悪いわ。

設問文の和訳

女の子は緑のシャツについてどう思っていますか。

選択肢の和訳

① 安い。　② 高すぎる。　③ 青いシャツよりいい。　④ デザインがいい。

　女の子は How much is the green one?（緑のシャツはいくら？）とたずね, 男の子が「60 ドル」と答えると, I don't think that is worth $60.（それには 60 ドルの価値はないと思う。）と言っているので, ②が正解。

(3) ②

🔊 rock と lock の下線部の子音の違いに注意しながら聞いてみましょう。

スクリプト	和訳
W: What are you doing, Steven? Is that your bike?	W：何をしているの, スティーブン。それはあなたの自転車？
M: Yes, it's my bike. But I've lost the key.	M：うん, 僕の自転車だよ。でも鍵をなくしてしまったんだ。
W: I don't think you should hit it with that rock.	W：その石で叩かないほうがいいと思うわよ。
M: I just need to open the lock. Can you help me?	M：ただ鍵を開ける必要があるだけなんだ。手伝ってくれる？

設問文の和訳

問題は何ですか。

選択肢の和訳

① 自転車が石にぶつかりました。　② 男の子は鍵を見つけることができません。
③ 女の子は自分の自転車を壊しました。　④ 鍵が壊れています。

　男の子の I've lost the key（鍵をなくしてしまったんだ）, I just need to open the lock.（ただ鍵を開ける必要があるだけなんだ。）より, ②が正解。

Training

答え

(1) reader　(2) worth　(3) lock

🔊 r と l，th と s の子音の違いに注意して発音してみましょう。

(1) Can you be the question reader?（× leader）

(2) I don't think that is worth $60.（× worse）

(3) I just need to open the lock.（× rock）

英文の訳

(1) 問題の読み手をやってもらえますか。

(2) それには 60 ドルの価値はないと思います。

(3) ただ鍵を開ける必要があるのです。

Step2 実戦問題

答え

1 (1)② (2)③ (3)①　　**2** (1)④ (2)② (3)②　　**3** (1)② (2)① (3)①

解説

1 (1)②

🔊 long を wrong と間違えることのないように，子音の違いに注意しながら聞いてみましょう。

スクリプト	和訳
Your essay is a little long.	あなたのエッセイは少し長いですね。
① Sorry, I don't quite understand your essay.	① すみません，あなたのエッセイがよくわかりません。
② I know. I'll cut it down a little.	② そうなんです。少し削ります。
③ I was too busy yesterday.	③ 昨日は忙しすぎました。

「エッセイが長い」ということなので，「カットして減らす」と言っている②が正解。

(2)③

🔊 she を sea と間違えることのないように，子音の違いに注意しながら聞いてみましょう。

スクリプト	和訳
Will she come on vacation this year?	今年の休暇に彼女は来るでしょうか。
① I prefer the mountains.	① 山の方がいいです。

② We go there every year.	② そこに毎年行きます。
③ She said she would.	③ そうすると言っていましたよ。

「彼女は休暇に来るだろうか」という質問に対して，She said she would.（そうする（＝来る）と言っていましたよ。）と答えている③が正解。

(3) ①

🔊 mouth を mouse と間違えることのないように，子音の違いに注意しながら聞いてみましょう。

スクリプト	和訳
What happened to your mouth?	あなたの口，どうしたの？
① I got hit by a ball.	① ボールが当たったんだ。
② They only live for two years.	② それらは 2 年しか生きないんだよ。
③ It has a cute nose and tail.	③ 可愛い鼻としっぽがあるよ。

話し手は聞き手の「口」の異変について，「口に何が起きたの（＝口をどうしたの）」とたずねているので，「ボールが当たった」とけがの理由を説明している①が正解。

2 (1) ④

🔊 glass と grass の子音の違いに注意しながら聞いてみましょう。

スクリプト	和訳
W: The garden is looking nice.　Where should we put this statue?	W：庭はいい感じね。この像をどこに置いたらいいかしら。
M: Not too close to the entrance.　It might damage the glass.	M：入口に近すぎないところだね。ガラスを傷つけるかもしれない。
W: How about over here, by the pond?	W：ここ，池のそばはどう？
M: I think it's better on the grass.	M：芝生の上の方がいいと思う。
Question: Where does the man want to put the statue?	問題：男性はどこに像を置きたがっていますか。

男性は I think it's better on the grass.（芝生の上の方がいいと思う。）と答えているので④が正解。

(2) ②

🔊 vest と best の子音の違いに注意しながら聞いてみましょう。

スクリプト	和訳
W: It looks like vests are becoming more popular these days.	W：最近ベストが人気になってきているようね。
M: It's true. Not a few people in our office wear a vest.	M：確かに。うちの会社ではベストを着ている人が少なくないね。
W: Still, most people think only a jacket and tie is the best.	W：それでも，ほとんどの人が，ジャケットとネクタイだけが一番よいと思っているのね。
M: Yes. And there are still a few people wearing just a shirt and tie.	M：うん。それにまだシャツとネクタイだけを着ている人も少しいるね。
Question: Which is the most popular fashion in their office?	問題：彼らのオフィスで一番人気がある服装はどれですか。

女性の most people think only a jacket and tie is the best（ほとんどの人が，ジャケットとネクタイだけが一番よいと思っている）より，②が正解。

(3) ②

◀️ pass と path の子音の違いに注意しながら聞いてみましょう。

スクリプト	和訳
M: Which of these hiking routes can you suggest to reach the temple?	M：お寺へ行くのにこれらのハイキングルートのうちどれがおすすめですか？
W: You can take either the Carlton Pass or the Walker's Path.	W：カールトン山道か，ウォーカー遊歩道で行くことができます。
M: Which one is popular?	M：どちらのルートが人気ですか。
W: It depends on the season. The Pass is closed between November and March, while the Path only closes for December and January.	W：季節によります。山道は11月から3月までの間，閉鎖されますが，遊歩道は12月と1月のみ閉鎖になっています。
Question: Which of the following calendars shows the correct opening period of the routes?	問題：次のカレンダーのうちどれがルートの正しい開通期間を示していますか。

女性の The Pass is closed between November and March, while the Path only closes for December and January.（山道は11月から3月までの間，閉鎖されますが，遊歩道は12月と1月のみ閉鎖になっています。）より，Carlton Pass は11月から3月が閉鎖，Walker's Path は12月と1月が閉鎖なので，②が正解。

Lesson 16

141

3 (1) ②

🔊 collects と corrects の子音の違いに注意しながら聞いてみましょう。

スクリプト	和訳
Mrs. Patterson often asks her students to write for her in English. The students write their diaries each day and Mrs. Patterson collects the diaries on Friday afternoon. She usually corrects them on Saturday and hands them back on Monday morning.	パターソン先生はよく生徒に，自分へ向けて英語で文章を書かせます。生徒は毎日日記をつけ，パターソン先生はその日記を金曜の午後に集めます。彼女はたいていそれを土曜に直して月曜の朝に生徒に返します。
Question: When does Mrs. Patterson check the students' work?	質問：パターソン先生はいつ生徒の宿題をチェックしますか。

選択肢の和訳

① 金曜日。　② 土曜日。　③ 日曜日。　④ 月曜日。

　The students write their diaries each day and Mrs. Patterson collects the diaries on Friday afternoon.（生徒は毎日日記をつけ，パターソン先生はその日記を金曜の午後に集めます。）と述べ，次の文で She usually corrects them on Saturday（彼女はたいていそれを土曜に直します）と述べているので，②が正解。

(2) ①

🔊 closing を clothing と聞き間違えないように注意しましょう。

スクリプト	和訳
Sam works part-time in a department store on Saturdays. He first worked on the food counter but now works at a counter that sells watches and other accessories. It can be a very busy job and he often works until closing time at 8 pm.	サムは毎週土曜日，デパートでアルバイトをしています。彼は最初食品カウンターで働いていましたが，今は時計やアクセサリーを売るカウンターで働いています。仕事はとても忙しくなることがあり，彼はよく午後8時の閉店時間まで働きます。
Question: What does Sam sell in the department store?	質問：サムはデパートで何を売っていますか。

選択肢の和訳

① アクセサリー。　② 服。　③ 食品。　④ 靴。

　He first worked on the food counter but now works at a counter that sells watches and other accessories.（彼は最初食品カウンターで働いていましたが，今は時計やアクセサリー

を売るカウンターで働いています。）より，現在売っているのは時計やアクセサリーなので，①が正解。

(3) ①

🔊 arrives を alive と聞き間違えないように注意しながら聞いてみましょう。

スクリプト	和訳
Greg is the captain of a deep-sea fishing boat. The fish need to be kept fresh, so when they are caught, they are quickly frozen and packed in boxes. When the boat arrives back in port, the fresh fish are taken to local restaurants.	グレッグは遠洋漁船の船長です。魚は新鮮に保たなければならないので，捕らえられるとすぐに冷凍され，箱に詰められます。船が港に戻ると，新鮮な魚が地元のレストランに運ばれます。
Question: What happens to the caught fish at first?	質問：捕らえられた魚は最初にどうなりますか。

選択肢の和訳

① 船の上で冷凍されます。
② レストラン向けにカットされます。
③ 港に着くまで生きたままに保たれます。
④ たいてい捕らえられてすぐに食べられます。

when they are caught, they are quickly frozen and packed in boxes（魚は捕らえられるとすぐに冷凍され，箱に詰められます）から①が正解。

Training

🔊 問題冊子に示されたように，紛らわしい子音に注意しながら発音してみましょう。

英文の訳

❶ あなたの口はどうしたのですか。
❷ ウォーカー遊歩道は 12 月と 1 月の間，閉鎖になっています。
❸ 今年の休暇に彼女は来るでしょうか。
❹ ほとんどの人が，ジャケットとネクタイだけが一番よいと思っています。
❺ 彼はよく午後 8 時の閉店時間まで働きます。
❻ あなたのエッセイは少し長いです。
❼ 芝生の上の方がいいと思います。
❽ 彼女はたいてい土曜日に日記を直します。
❾ 船が港に戻ると，魚は地元のレストランに運ばれます。

Lesson 16

Step 3 Let's Speak!

答え

(1)② (2)④ (3)④

解説

(1)②

🔊 vote / boat 混同しないように，子音の違いに注意して聞きましょう。

sixteen, little, vote 下線部の子音に注意して発音してみましょう。

スクリプト	和訳
Some countries around the world allow people to vote from sixteen. Do you think Japanese young people should be able to vote from that age?	世界のいくつかの国では 16 歳から投票することが許されます。日本の若者はその年齢から投票できるべきだと思いますか。

選択肢の和訳

① 私はその年齢から船を操縦することができるべきだと思います。

② 16 歳は投票するには少し若いかもしれないと思います。

③ 日本では 18 歳から運転することができます。

④ 若者は学生の間に多くのことをするチャンスがあります。

「日本の若者は 16 歳から投票できるべきか」を聞かれています。「16 歳は投票するには少し若い」という意見を答えている②が正解。

(2)④

🔊 pray / play 混同しないように，子音の違いに注意して聞きましょう。

respect, religions 下線部の子音に注意して発音してみましょう。

スクリプト	和訳
Recently, more people with different religions work in Japan. Do you think all train stations should have places for people to pray?	最近，さまざまな宗教を持って日本で働く人々が増えています。すべての電車の駅に人々が礼拝するための場所を設けるべきだと思いますか。

選択肢の和訳

① 駅は子どもが遊ぶのによい場所ではないと思います。

② 駅を増やす必要があると思います。

③ 遊ぶ場所を増やすことはすべての人の健康を改善するでしょう。

④ はい，お互いの宗教や文化を尊重することは重要だからです。

「すべての電車の駅に人々が礼拝するための場所を設けるべきか」と聞かれています。理由を添えて賛成意見を述べている④が正解。

(3) ④

🔊 something ／ some sing　混同しないように，子音の違いに注意して聞きましょう。
reading, books, lead　下線部の子音に注意して発音してみましょう。

スクリプト	和訳
Many schools ask students to read something for ten or fifteen minutes each day before classes. What do you think about that?	多くの学校では，毎日授業の前に10分間読書や15分間読書をさせています。このことについてあなたはどう思いますか。

選択肢の和訳

① 多くの生徒は恥ずかしがりなので，生徒にクラスの前で歌ってもらうのはいい考えではありません。

② 1日にそんなにたくさんの授業があることは，生徒が学ぶ助けにはなりません。

③ 多くの生徒は就学するのが早すぎると思います。

④ 読書は集中力を高めることにつながるので，いい考えだと思います。

　「毎朝授業の前に10分間読書や15分間読書をすること」についての意見を聞かれています。理由を添えて賛成意見を述べている④が正解。

Training

🔊 以下の下線部の子音に注意して発音しましょう。

(1) I think sixteen may be a little young to vote.

(2) Yes, because it's important to respect each other's religions and cultures.

(3) It's a good idea as reading books will lead to higher concentration.

英文の訳

(1) 16歳は投票するには少し若いかもしれないと思います。

(2) はい，お互いの宗教や文化を尊重することは重要だからです。

(3) 読書は集中力を高めることにつながるので，いい考えだと思います。

Lesson 16

Lesson 17 紛らわしい母音

問題冊子 p.127 ／
音声はこちらから➡

Training

🔊 ❶の duck の下線部は /ʌ/ で，口を大きく開けすぎず，のどの奥で短めに「アッ」と発音します。一方，dog の下線部 /ɑː/ は口を大きく縦に開いて，口の奥から発します。❷の bath の /æ/ は口元を横に引いて「エァ」のように発音します。また，❷の birth，❸の hurt の下線部 /əːr/ は「アー」と「ウー」の中間のようなあいまいな音を出しながら舌先をそらし，❸の heart の下線部 /ɑːr/ は口を大きく縦に開いて /ɑː/ を発音しながら舌先をそらせて発音します。❹の sit の /ɪ/ は日本語の「イ」よりも唇をやや開いて，「イ」と「エ」の中間のように発音します。それに対して，seat の /iː/ は日本語の「イー」とほぼ同じ音ですが，意識的に唇を横に引っ張って発音しましょう。紛らわしい母音の発音の違いを意識し，区別して発音しましょう。

練習問題

答え

(1) ② (2) ③ (3) ③

解説

(1) ②

🔊 hat と hut の下線部の母音 /æ/ と /ʌ/ の音の違いに注意しながら聞いてみましょう。

スクリプト	和訳
W: Have you seen my hat?	W：私の帽子を見た？
M: You always lose something when we go camping.	M：君はキャンプに行くといつも何かを失くすね。
W: I know. Maybe it's back in the hut.	W：わかってる。多分小屋に置いてきたんだわ。
M: Come on, then. Let's go back and find it.	M：じゃあ来て。戻って探そう。

設問文の和訳

彼らは次に何をするでしょうか。

選択肢の和訳

① 新しい帽子を買うでしょう。　② 小屋に戻るでしょう。
③ キャンプに行くでしょう。　④ 新しい小屋を見るでしょう。

最初のやり取りから，女性がキャンプに来て帽子を失くしたとわかります。女性の2つ目の発言 Maybe it's back in the hut.（多分小屋に置いてきたんだわ。）と男性の応答 Let's go back and find it.（戻って探そう。）から，2人は小屋に戻ると考えられるので②が正解。

(2) ③

🔊 ankle を uncle と混同しないように，ankle の下線部 /æ/ と uncle の下線部 /ʌ/ の音の違いを意識しながら聞いてみましょう。

スクリプト	和訳
M: What's the problem?	M：どうしたの？
W: I'm not sure. I don't think I can keep walking.	W：わからないよ。歩き続けられそうにないわ。
M: Did you hurt your ankle?	M：足首を痛めた？
W: No, I think it's my toe.	W：ううん，つま先だと思う。

設問文の和訳

問題は何ですか。

選択肢の和訳

① 女性のおじは足が悪いです。　② 女性は歩くのが好きではありません。
③ 女性はつま先に痛みを感じています。　④ 女性は足首にけがをしました。

男性にどうしたのかと聞かれて，女性は I don't think I can keep walking.（歩き続けられるそうにないわ。）と答え，次に Did you hurt your ankle?（足首を痛めた？）と聞かれると，No, I think it's my toe.（ううん，つま先だと思う。）と答えています。よって③が正解。

(3) ③

🔊 sit と seats の下線部の母音 /ɪ/ と /iː/ の音の違いに注意しながら聞いてみましょう。

スクリプト	和訳
W: How many people are coming for dinner?	W：ディナーには何人の人が来る予定？
M: Eight, including us.	M：僕たちを入れて8人だよ。
W: Where will they all sit? We've only got six seats. Maybe on the floor?	W：どこに全員座る？　イスは6脚しかないのよ。床かしら。
M: I borrowed a couple of seats from our neighbor, so we have eight now.	M：お隣からイスを2脚借りたから，今8脚あるよ。

設問文の和訳

客はどこに座るでしょうか。

選択肢の和訳

① 隣の家に。　② 床に。　③ イスに。　④ イスと地面に。

最初のやり取りから，ディナーには全部で8人が参加する予定だとわかります。「イスが6脚しかない」と言う女性に対し，男性が最後の発言で I borrowed a couple of seats from my neighbor, so we have eight now.（お隣からイスを2脚借りたから，今8脚あるよ。）と言っているので，8人全員がイスに座れることになり，③が正解。

Training

答え

(1) hut (2) ankle (3) seats

🔊 下線部の母音の違いを意識しながら発音してみましょう。

(1) It's back in the hut.（/ʌ/ × hat /æ/）

(2) Did you hurt your ankle?（/æ/ × uncle /ʌ/）

(3) I borrowed a couple of seats from our neighbor.（/iː/ × sit /ɪ/）

英文の訳

(1) それは小屋にあります。

(2) 足首を痛めましたか。

(3) お隣からイスを2脚借りました。

Step2 実戦問題

答え

1 (1) ① (2) ① (3) ①　　**2** (1) ② (2) ② (3) ③　　**3** (1) ③ (2) ④ (3) ①

解説

1 (1) ①

🔊 butter を batter（バッター；打者）と聞き間違えないように，butter の下線部 /ʌ/ と batter の下線部 /æ/ の音の違いに注意しながら聞いてみましょう。

スクリプト	和訳
Next, we need to add some butter.	次にバターを加える必要があります。

選択肢の和訳

① 話し手はケーキを焼いています。　② 話し手は野球を指導しています。

③ 話し手は休日のために荷造りしています。　④ 話し手は絵を描いています。

「次にバターを加える」は料理の工程の説明だと考えられるので，①が正解。

(2) ①

🔊 fan を fun（楽しみ）と聞き間違えないように，fan の下線部 /æ/ と fun の下線部 /ʌ/ の音の違いに注意しながら聞いてみましょう。

スクリプト	和訳
That fan is a great idea. I wish I had one.	そのせんすはよい考えですね。私も持っていればなあ。

選択肢の和訳
① 話し手は暑いと感じています。
② 話し手は楽しみたいと思っています。
③ その映像はあまりわくわくするものではありませんでした。
④ 気候が寒くなってきました。

　話し手は相手の持っているせんすを「私も持っていればなあ。」と言っているので，暑いと感じていると考えられます。よって①が正解。

(3) ①

🔊 birth を bath と聞き間違えないように，birth の下線部 /əːr/ と bath の下線部 /æ/ の発音の違いに注意しながら聞いてみましょう。

スクリプト	和訳
This is for my sister. It's to celebrate the birth of her baby.	これは姉のためのものです。出産祝いなのです。

選択肢の和訳
① 男性はプレゼントを持っています。　② 男性は赤ちゃんを抱いています。
③ 男性はお風呂に入っています。　④ 男性は妊娠した女性と一緒にいます。

　This is for my sister.（これは姉のためのものです。）の this が手元にあるプレゼントを指すと考えると，次の It's to celebrate the birth of her baby.（出産祝いなのです。）にもつながるので，①が正解。

2 (1) ②

🔊 purse と pass の下線部の /əːr/ と /æ/ の発音の違いに注意しながら聞いてみましょう。

スクリプト	和訳
W: Sorry! We need to go back. I left my purse.	W：ごめんなさい！戻らなければいけないわ。お財布を置き忘れちゃった。
M: You had it in the supermarket.	M：スーパーマーケットでは持っていたよ。
W: I think it must be in the coffee shop.	W：きっとコーヒーショップにあると思うわ。

M: Maybe. You had a free pass for the car park, so we didn't use it on the way home.	M：そうかもね。駐車場のフリーパスを持っていたから帰りに財布を使わなかったんだよね。
Question: Where will the woman go first?	質問：女性は最初にどこへ行くでしょうか。

　女性は最初の発言で「財布を置き忘れたので戻らなければいけない」と言っています。女性の次の発言 I think it must be in the coffee shop.（きっとコーヒーショップにあると思うわ。）に対して，男性も Maybe.（そうかもね。）と応じているので，②が正解。

(2) ②

🔊 fast を first と聞き間違えないように，fast の下線部 /æ/ と first の下線部 /ɚːr/ の発音の違いに注意しながら聞いてみましょう。

スクリプト	和訳
W: Well done! You ran so well.	W：よくやったわ！　いい走りだった。
M: But I didn't win!	M：でも1位になれなかったよ！
W: It doesn't matter. You were so fast.	W：いいじゃない。とても速かったわよ。
M: Hmm.... I'm not satisfied but I guess second place is better than third.	M：うーん…。満足してはないけど，まあ3位より2位の方がいいよね。
Question: Where did the boy place in the race?	質問：男の子はレースで何位でしたか。

　男の子は1つ目の発言で I didn't win!（1位になれなかったよ！），2つ目の発言で I guess second place is better than third（まあ3位より2位の方がいいよね）と言っているので，2位だったと考えられます。よって②が正解。

(3) ③

🔊 cat と cut の下線部の /æ/ と /ʌ/ の音の違いに注意しながら聞いてみましょう。

スクリプト	和訳
W: Hi. Do you want to go for coffee?	W：やあ。コーヒーを飲みに行かない？
M: Sure. I'm just going to pick up my cat, first.	M：いいよ。ただ，まずうちのネコを迎えに行くよ。
W: Oh, no problem. I like your new hair.	W：ああ, いいわよ。今度の髪形いいわね。
M: Thank you, but I'm thinking of having it cut soon. Anyway, I'll	M：ありがとう。でももうすぐ切ろうと思っているんだ。とにかく, 獣医さんのと

text you when I get back from the animal doctor.	ころから戻ったらメールするね。
Question: Where will the man go now?	質問：男性は今どこへ行くでしょうか。

　女性にコーヒーを飲みに行かないかと誘われた男性は，Sure.（いいよ。）と応じてから I'm just going to pick up my cat, first.（ただ，まずうちのネコを迎えに行くよ。）と言っています。また，最後の発言で I'll text you when I get back from the animal doctor（獣医さんのところから戻ったらメールするね）と言っているので，男性はまず動物病院にネコを迎えに行くと考えられます。よって③が正解。

3 (1)③

🔊 feel と fill の下線部の /iː/ と /ɪ/ の音の違いに注意しながら聞いてみましょう。

スクリプト	和訳
W: What's wrong with your car?	W：あなたの車は何がおかしいのですか？
M: I'm not quite sure. When I drive, something doesn't feel right.	M：よくわからないんです。運転している時に何かおかしい感じがします。
W: The engine oil is low. We'll fill this and check the brakes.	W：エンジンオイルが減っていますね。補充して，ブレーキを確認してみます。
M: Great. Can you look at the battery, too?	M：ありがとう。バッテリーも見てもらえますか。

設問文の和訳

女性は次に何をするでしょうか。

選択肢の和訳

① 車を運転するでしょう。　② ブレーキを直すでしょう。
③ エンジン用にオイルを入れるでしょう。　④ バッテリーを交換するでしょう。

　女性の What's wrong with your car?（車の何がおかしいのですか？）に対して，男性が「よくわからない」と答えると，女性は2つ目の発言で The engine oil is low. We'll fill this（エンジンオイルが減っています。これを補充します）と言っています。よって③が正解。女性は「ブレーキを確認する」と言っていますが，直すかどうかはわからないので②は不適切。男性が最後の発言でバッテリーの点検を頼んでいますが，交換するかどうかはわからないので④も不適切。

(2)④

🔊 still と steal の下線部の /ɪ/ と /iː/ の音の違いに注意しながら聞いてみましょう。

スクリプト	和訳
M: What's that noise? Can you hear it?	M：あの音は何だろう？　聞こえる？
W: Let's stay very still.... No, I can't hear anything.	W：静かにして…。いいえ，何も聞こえないわ。

M: I thought someone was trying to <u>steal</u> our car.	M：誰かが車を盗もうとしていると思ったんだ。
W: I think it's just the wind. Look, the garage door is <u>still</u> closed.	W：ただの風だと思うわ。見て，ガレージのドアは今も閉まっているもの。

設問文の和訳

問題は何だと思われますか。

選択肢の和訳

① 誰かが彼らの車を盗みました。　② ガレージのドアが開いたままでした。

③ 天気がとても穏やかでした。　④ 風が大きな音を立てました。

　最初のやり取りから，男性が物音を気にしていることがわかります。男性の2つ目の発言 I thought someone was trying to steal our car.（誰かが車を盗もうとしていると思ったんだ。）に対して，女性は I think it's just the wind.（ただの風だと思うわ。）と言ってガレージのドアが閉まっていることを指摘しているので，④が正解。①は男性が心配したことですが，女性の最後の発言でそうではなさそうだとわかるので不適切。

(3) ①

🔊 <u>bug</u> と <u>bag</u> の下線部の /ʌ/ と /æ/ の音の違いに注意しながら聞いてみましょう。

スクリプト	和訳
M: Wait a minute. Just turn around slowly. There's a <u>bug</u> on your <u>bag</u>.	M：ちょっと待って。ゆっくり後ろを向いて。君のバッグに虫がついてるよ。
W: What?	W：えぇっ？
M: Oh, sorry, I was wrong. I think it's just a black mark on your <u>bag</u>.	M：あぁ，ごめん，間違いだった。バッグに黒いしみがついているだけだと思う。
W: I hope not. I only bought it yesterday.	W：違うといいけど。昨日買ったばかりなのよ。

設問文の和訳

男の子は最初，どのように思いましたか。

選択肢の和訳

① バッグに虫がくっついている。　② バッグについたものが壊れている。

③ バッグが少し汚れているようだ。　④ 女の子のバッグは新しい。

　男の子は最初に There's a bug on your bag.（君のバッグに虫がついてるよ。）と言っていますが，そのあと Oh, sorry, I was wrong. I think it's just a black mark on your bag.（あぁ，ごめん，間違いだった。バッグに黒いしみがついているだけだと思う。）と言っているので，最初はバッグについた黒いしみのようなものを虫だと思っていたと考えられます。よって①が正解。

Training

🔊 問題冊子に示されたように，紛らわしい母音の発音に注意しながら発音しましょう。

和訳

❶ そのせんすはよい考えです。

❷ とても速かったですね。

❸ まずちょっとネコを迎えに行きます。

❹ バターを加える必要があります。

❺ あなたのバッグに虫がついています。

❻ それは彼女の出産祝いです。

❼ 財布を置き忘れました。

❽ エンジンオイルを補充します。

❾ 誰かが私たちの車を盗もうとしていました。

Let's Speak!

答え

(1) ④ (2) ② (3) ③

解説

(1) ④

🔊 hill (/ɪ/ × heal /iː/) 違いに注意しながら発音しましょう。

スクリプト	和訳
What is the man in the picture doing?	写真内の男性は何をしていますか。

選択肢の和訳	
① 彼は学校に着くところです。	② 彼は靴を履き換えているところです。
③ 彼は丘を降りてきているところです。	④ 彼は丘を駆け上がっているところです。

　男性は斜面を上に向かって走っているので④が正解。

(2) ②

🔊 fan (/æ/ × fun /ʌ/) 違いに注意しながら発音しましょう。

スクリプト	和訳
What kind of music do you like?	どんな種類の音楽が好きですか。

Lesson 17

153

① 私は楽しみたいです。　　② 私はロック音楽の大ファンです。

③ それは私をとても幸せにします。　④ 私たちは毎週音楽の授業があります。

　好きな音楽の種類を聞かれているので、自分がファンである音楽のジャンルを答えている②が正解。

(3) ③

🔊 hearts（/ɑːr/ × hurt/əːr/）違いに注意しながら発音しましょう。

スクリプト	和訳
Why do you think children should spend more time outside?	なぜあなたは子どもがもっと多くの時間を外で過ごすべきだと思うのですか。

選択肢の和訳

① 子どもは家でゲームをするだけでなく、勉強もします。

② 多くの子どもはインターネットでお互いに連絡を取ります。

③ 家にいて運動をしないのは彼らの心臓によくありません。

④ 長い間外で遊ぶと疲れすぎて勉強できなくなる可能性があります。

　「なぜ子どもがもっと多くの時間を外で過ごすべきだと思うか」と聞かれています。外に出ずに家で長時間過ごすことの弊害を答えている③が正解。

Training

🔊 下線部の母音に注意して発音しましょう。

(1) He's running up the hill.（/ɪ/ × heal /iː/）

(2) I'm a big fan of rock music.（/æ/ × fun /ʌ/）

(3) Staying at home and not exercising is bad for their hearts.（/ɑːr/ × hurt /əːr/）

英文の訳

(1) 彼は丘を駆け上がっているところです。

(2) 私はロック音楽の大ファンです。

(3) 家にいて運動をしないのは彼らの心臓によくありません。

Lesson 18 まとめ③

問題冊子 p.135 ／
音声はこちらから➡

Step1
実戦問題

答え

1 (1)① (2)② (3)③　　**2** (1)① (2)③ (3)②　　**3** (1)① (2)① (3)①

4 (1) show　(2) sing　(3) jokes　(4) fifteen　(5) hurt

5 Q1③　Q2②　Q3③　Q4②　Q5①

解説

1 (1)①

🔊 metal は t が日本語のラ行に近い音，次の l が暗い L で「ゥ」のような音で発音される
ので，全体で「メロゥ」のように聞こえます。

スクリプト	和訳
The museum has just bought a new sculpture made of metal.	博物館では金属製の新しい彫刻を購入した ところです。

金属製の彫刻なので①が正解。

(2)②

🔊 pirate を pilot と聞き間違えることのないように，下線部の子音の発音の違いに注意
しながら聞いてみましょう。

スクリプト	和訳
When I was a kid, I wanted to be a pirate.	私は子どもの頃，海賊になりたいと思って いました。

pirate は「海賊」という意味なので，②が正解。

(3)③

🔊 daughters の下線部は日本語のラ行に近い音で発音されます。また，little は tt の部分
が日本語のラ行に近い音で，次の le が暗い L で「ゥ」のような音で発音されるので，
全体で「リロゥ」のように聞こえます。

スクリプト	和訳
She has two daughters and a little baby boy.	彼女には娘が 2 人と小さい男の子の赤ちゃ んが 1 人います。

娘 2 人と小さい男の子の赤ちゃん 1 人を持つ女性なので，③が正解。

2 (1) ①

🔊 thirty や forty の下線部が日本語のラ行に近い音で発音されていることに注意しましょう。

スクリプト	和訳
M: I saw Tom walking in the park with Anna.	M：公園でトムがアンナと歩いているところを見たよ。
W: Just now?	W：たった今？
M: No. About thirty or forty minutes ago.	M：いや。30分か40分くらい前。
① So, they should be here by now.	① それならもうこちらに着くはずね。
② The park is over there.	② 公園はあっちだよ。
③ This is the best park in the area.	③ ここは地域で一番いい公園だよ。

「男性が公園でトムとアンナを見たのはいつか」について話しています。男性の About thirty or forty minutes ago.（30分か40分くらい前。）という発言に対する応答として適切なのは，30分か40分前に公園にいたのなら，もうここに着くはずだという推測を述べている①。公園自体を話題にしているわけではないので，②や③は不適切。

(2) ③

🔊 very と berry と聞き間違えないように，下線部の子音の発音の違いに注意しながら聞いてみましょう。

スクリプト	和訳
W: We're going to make some home-made jam later.	W：私たち，あとで自家製のジャムを作るつもりなの。
M: Where are you going now?	M：これから，どこへ行くの？
W: To pick some cherries from the forest. I want very fresh ones.	W：森にサクランボを採りに行くの。とても新鮮なのが欲しいのよ。
① Yes, I like blueberry.	① うん。ブルーベリーは好きだよ。
② Why are you going there?	② どうしてそこへ行くの？
③ Great! I'll come, too.	③ いいね！僕も行くよ。

男性の Where are you going now?（これから，どこへ行くの？）という質問に，女性が To pick some cherries from the forest.（森にサクランボを採りに行くの。）と答えています。この発言に対する応答としては，自分も行きたいと言っている③が適切。①は yes という返答が直前の発言に合わず，また blueberry も話に出てきていないので不適切。女性は「サクランボを採りに」とすでに理由を答えているので，理由をたずねている②も不適切。

156

(3) ②

🔊 meter は下線部が日本語のラ行に近い音で発音されています。①の meet her でも下線部が日本語のラ行に似た音で発音され，また her の h の音がはっきりと発音されず，2 語がつながって meter と似た発音になることがよくあります。混同しないように気をつけて聞いてみましょう。

スクリプト	和訳
W: Michelle moved to our town. Now we're living really close!	W：ミシェルが私たちの町に引っ越してきたの。今とても近くに住んでいるわ！
M: How far is her house from yours?	M：彼女の家は君の家からどのくらいのところにあるの？
W: Less than two hundred meters away.	W：200 メートルも離れていないところよ。
① I meet her every day.	① 彼女に毎日会っているよ。
② That's so close!	② すごく近いんだね！
③ I know her from school.	③ 学生時代から彼女を知っているよ。

　Michelle という共通の知人が近くに引っ越してきたことを伝えている女性に，男性が How far is her house from yours?（彼女の家は君の家からどのくらいのところにあるの？）とたずね，女性が Less than two hundred meters away.（200 メートルも離れていないところよ。）と答えています。この発言に対する応答としては，近いことに驚きを表している②が正解。

3 (1) ①

🔊 waiter の下線部が日本語のラ行に近い音で発音されていることに注意しましょう。

スクリプト	和訳
W: Excuse me. Do you speak English?	W：すみません。英語を話せますか？
M: Yes, but I'm in a hurry.	M：はい，でも急いでいるんです。
W: Would you mind just taking our picture?	W：写真を撮るだけなのですがお願いできませんか。
M: I'm sorry! You'd better ask the waiter.	M：ごめんなさい！ ウェイターの方に頼んでください。
Question: What will the woman do next?	質問：女性は次に何をするでしょうか。

選択肢の和訳
① ウェイターを呼んで協力してもらいます。　② 男性にカメラを渡します。
③ 写真の撮り方を男性に英語で説明します。　④ しばらく待ちます。

　女性の依頼 Would you mind just taking our picture?（写真を撮るだけなのですがお願いできませんか。）に対して男性は I'm sorry! You'd better ask the waiter.（ごめんなさい！

ウェイターの方に頼んでください。）と言っているので，女性はウェイターに撮影を頼むと考えられます。よって正解は①。

(2) ①

🔊 pitch を peach（桃）と聞き間違えないように，下線部の母音 /ɪ/ と /iː/ の発音の違いに注意して聞きましょう。また，pitcher（ピッチャー；水差し）と混同したりすることのないように注意しましょう。

スクリプト	和訳
W: Do you want some dessert?	W：デザートを食べない？
M: Sure. Let me just watch this final pitch.	M：うん。この最後の投球だけ見せて。
W: This is more important than baseball. I'm having a blueberry pie.	W：これは野球より重要よ。私はブルーベリーパイにする。
M: Okay, I'll have the same as you.	M：わかった。僕も同じのにするよ。
Question: What will they do next?	質問：彼らは次に何をするでしょうか。

選択肢の和訳
① ブルーベリーパイを2つ食べます。　② ブルーベリーパイとピーチパイを食べます。
③ 野球の試合に参加します。　④ 水差し1杯分のジュースを分けます。

　最初のやり取りより，これからデザートを食べようとしている場面だとわかります。女性が2つ目の発言で I'm having a blueberry pie.（私はブルーベリーパイにする。）と言うと，男性も I'll have the same as you.（僕も同じのにするよ。）と言っているので，2人はブルーベリーパイを2つ食べると考えられます。よって①が正解。
注 pitcher：飲みものなどを入れる容器，水差し；投手。

(3) ①

🔊 much を match（試合）と聞き間違えないように，下線部の母音 /ʌ/ と /æ/ の発音の違いに注意しながら聞いてみましょう。

スクリプト	和訳
M: Are you going to the tennis game with Susan?	M：スーザンとテニスの試合に行くの？
W: No, just by myself.	W：いいえ，私1人よ。
M: Why isn't she going?	M：どうして彼女は行かないの？
W: She has too much work to do.	W：やらなければいけない仕事が多すぎるのよ。
Question: What will the woman do?	質問：女性は何をするでしょうか。

① １人で試合に行きます。　　　② スーザンの仕事を手伝います。

③ あとでスーザンとテニスをします。　④ スーザンとテニスの試合を観ます。

　男性の最初の質問 Are you going to the tennis game with Susan?（スーザンとテニスの試合に行くの？）に対して，女性は No, just by myself.（いいえ，私１人よ。）と答えているので①が正解。

---

4 (1) show　(2) sing　(3) jokes　(4) fifteen　(5) hurt

🔊 show, jokes の下線部は「オゥ」のように発音され，日本語の「ショー」「ジョーク」とは異なって聞こえることに注意しましょう。また，heart と hurt の下線部の母音 /ɑːr/ と /əːr/ の違いに注意して聞いてみましょう。さらに，play を pray, sing を thing と聞き間違えることのないようにしましょう。

スクリプト	和訳
Just a moment before you all go home today. As you know, we have the school fair on the last day of June. Our class needs to decide on an activity. Last year we put on a show. This year, we are thinking of a talent contest. If any of you can play an instrument, sing, dance or tell jokes, please put your name on the list. Each performance will be for 15 minutes. Let's put our hearts into some exciting ideas. But please, nothing dangerous. We don't want any student to get hurt. The school will vote on the best class so let's make sure our activity rates highly. The list is up here. Thank you.	皆さん，今日は全員帰る前にちょっと聞いてください。ご存知のとおり，６月の最後の日に学園祭があります。私たちのクラスは出しものを決めなければなりません。去年はショーをやりました。今年はかくし芸大会をしたいと思います。誰か，楽器の演奏，歌，ダンス，お笑いができる人がいたら，リストに名前を書いてください。どのパフォーマンスも 15 分です。真剣に何かおもしろいアイディアを考えましょう。でも，危険なものはやめてください。生徒にけがをさせたくありません。一番よいクラスを学内の投票で決める予定ですので，私たちの出しものが高評価をもらえるように頑張りましょう。リストはこちらです。ありがとうございます。

今年の文化祭に向けて

去年の出し物：(1) ショー。

もし楽器演奏，(2) 歌，ダンス，(3) お笑いができるならリストに名前を書いてください。

各パフォーマンスの時間：(4) 15 分。

注意：生徒が (5) けがをしないように。

Lesson 18

　(1)は Last year we put on a show.（去年はショーをやりました。），(2)と(3)は If any of you can play an instrument, sing, dance or tell jokes, please put your name on the list.（誰か，

楽器の演奏，歌，ダンス，お笑いができる人がいたら，リストに名前を書いてください。），
(4)は Each performance will be for 15 minutes.（どのパフォーマンスも 15 分です。），(5)は
We don't want any student to get hurt.（生徒にけがをさせたくありません。）という説明か
らそれぞれ判断できます。

注 put *one's* heart into ～：～に熱心に関わる；取り組む。

5 Q1 ③　　Q2 ②　　Q3 ③　　Q4 ②　　Q5 ①

🔊 thirtieth や city，forty の下線部が日本語のラ行に近い音で，また animals の下線
部が「モゥ」のように発音されていることに注意しましょう。さらに，first と fast，
thing と sing，sea と she の聞き間違いにもそれぞれ注意しましょう。

スクリプト	和訳
W: Carlos, when do you guys go on the school trip?	W：カルロス，あなたたちはいつ修学旅行に行くの？
M: We leave for Sydney on July 30th and visit our sister school to meet the students in the late afternoon.	M：7 月 30 日にシドニーに出発して，その夕方に姉妹校へ行って生徒たちに会うんだ。
W: That sounds tough. Is their school in the city of Sydney?	W：それはハードね。向こうの学校はシドニー市内にあるの？
M: No, it's in a town, about forty minutes from the airport.	M：ううん，空港から 40 分ほどの町にあるんだ。
W: Will they be on their summer holidays, like us?	W：彼らは私たちのように夏休みなの？
M: No. Remember, our summer is their winter. They are still at school.	M：違うよ。ほら，僕たちの夏は彼らの冬なんだ。まだ学校にいるんだよ。
W: Oh, so that means you can join their classes.	W：ああ，ということは，あなたたちは彼らの授業に参加できるのね。
M: That's right. The first thing we'll do is to join their science class.	M：そのとおり。僕たちはまず理科の授業に参加するんだ。
W: Our school is doing a science project with their school, right?	W：私たちの学校は向こうの学校と一緒に理科のプロジェクトをしているのよね？
M: That's right. At the end of the week, we'll present our research together.	M：そうなんだ。週の終わりに一緒に研究を発表するんだ。
W: Do you have any free time or trips? I'd love to see some Australian animals.	W：自由時間や遠足はあるの？　オーストラリアの動物が見たいわ。
M: We have a trip to a wildlife center and I'm really looking forward to that. I'll take some photos for you.	M：野生動物センターへ遠足があるから僕はそれがとても楽しみなんだ。写真を撮ってくるよ。

| W: How about going to some of the beaches? I hear they are pretty famous.
M: It will be nice to visit. But as it is winter, I don't think we can go in the sea. My host sister said it is too cold, so she will take me to the hill near the house instead and we will look down at the beach from there.
W: Oh, I see. Well, have a great time. Send me an email if you can.
M: I will. Have a great summer yourself. | W：ビーチへ行ってはどう？　とても有名だと聞いているわよ。
M：行けたらいいな。だけど冬だから海には入れないと思うよ。僕のホストシスターは寒すぎると言っていた。だから代わりに家の近くの丘に連れて行ってもらって，そこからビーチを見下ろすよ。
W：ああ，なるほどね。じゃあ，楽しんできてね。できればメールをちょうだい。
M：そうするよ。君も楽しい夏を過ごしてね。 |

Q1

> **設問文の訳**
> 飛行機は何日に出発するでしょうか。
>
> **選択肢の和訳**
> ① 7月3日。　　② 7月13日。　　③ 7月30日。

　　男の子の We leave for Sydney on July 30（7月30日にシドニーに出発する）より③が正解。

Q2

> **設問文の訳**
> 空港から姉妹校までどのくらい時間がかかるでしょうか。
>
> **選択肢の和訳**
> ① ほんの4，5分。　　② 約40分。　　③ 1時間以上。

　　男の子が visit our sister school（姉妹校へ行く）と言ったのに対し，女の子が Is their school in the city of Sydney?（向こうの学校はシドニー市内にあるの？）とたずねると，男の子は No, it's in a town, about forty minutes from the airport.（ううん，空港から40分ほどの町にあるんだ。）と答えているので，②が正解。

Q3

> **設問文の訳**
> 姉妹校で何をするでしょうか。
>
> **選択肢の和訳**
> ① オーストラリアの動物がどれほど早く走るかを調べます。
> ② 校歌を歌います。
> ③ 理科の授業に参加します。

男の子の The first thing we'll do is to join their science class.（僕たちはまず理科の授業に参加するんだ。）より③が正解。

Q4

| 設問文の訳 |
カルロスは何の写真を撮るでしょうか。

| 選択肢の和訳 |
① 自分のホストファミリー。　　② 何匹かの動物。　　③ 理科の発表。

　女の子の Do you have any free time or trips? I'd love to see some Australian animals. （自由時間や旅行の時間はあるの？　オーストラリアの動物が見たいわ。）に対して男の子は We have a trip to a wildlife center and I'm really looking forward to that. I'll take some photos for you.（野生動物センターへ遠足に行くから僕はそれがとても楽しみなんだ。写真を撮ってくるよ。）と言っています。よって②が正解。

Q5

| 設問文の訳 |
カルロスはホストシスターと何をするでしょうか。

| 選択肢の和訳 |
① 丘に登る。　　② 海で泳ぐ。　　③ ビーチを訪れる。

　女の子の How about going to some of the beaches?（ビーチへは行ってはどう？）に対して男の子は as it is winter, I don't think we can go in the sea. My host sister said it is too cold（冬だから海には入れないと思うよ。僕のホストシスターは寒すぎると言っていた）と述べたあと，she will take me to the hill near the house instead and we will look down at the beach from there（代わりに家の近くの丘に連れて行ってもらって，そこからビーチを見下ろすよ）と計画を話している。よって①が正解。

Step2 Let's Speak!

| 答え |
■ (1)③　(2)②　(3)①　　■ A② B③ C④

| 解説 |
■ (1)③

　youth　use（使用）のようにならないように，下線部の子音の違いに注意して発音しましょう。

スクリプト	和訳
What do you think young people in Japan are most concerned about today?	日本の若者が現在最も心配していることは何だと思いますか。

選択肢の和訳
① 若者はこの国の未来だと思います。
② 日本人は今，英語以外の多くの言語を使っています。
③ 現在の若者の多くは，将来仕事を見つけることについて心配しています。
④ 日本ではたくさんの新しいテクノロジーを使うべきだと思います。

「日本の若者が現在最も心配していることは何か」と聞かれているので，現在の若者が「将来仕事を見つけること」について心配していると答えている③が正解。

(2) ②

◀ late　rate のようにならないように，下線部の子音の違いに注意して発音しましょう。

スクリプト	和訳
What is one rule at your school that you would like to change?	あなたが変えたいと思う学校での1つの規則は何ですか。

選択肢の和訳
① 校則には評価をつけるべきだと思います。
② 家に帰る時間が遅くなりすぎないように，部活の時間を変えたいです。
③ 規則はかなり理解しがたいです。
④ 部活に入ると，従わなければならない規則がたくさんあります。

「変えたいと思う学校での1つの規則は何か」と聞かれているので，部活の時間を変えたいと答えている②が正解。

(3) ①

◀ lack　luck のようにならないように，下線部の母音の発音の違いに注意しましょう。

スクリプト	和訳
We now have school holidays three times in a year, in winter, spring and summer. What do you think about having four holidays in a year, with a new holiday in autumn, too?	今私たちは，年に3回，冬と春と夏に学校の休み期間があります。秋にも新しい休みを設けて年に4回休みにすることについて，あなたはどう思いますか。

Lesson 18

① 勉強時間の不足が問題になると思います。
② この前の夏に友だちとキャンプに行きました。
③ 私たちの学校ではたくさんの宿題が出ます。
④ 私たちは冬と春と夏に休みがあります。

　「秋に休みを設けること」についての意見を聞かれているので，「（休みが増えることによって）勉強時間の不足が問題になる」という意見を答えている①が正解。

2 A② B③ C④

🔊 own の下線部は「オゥ」のように発音します。「オー」と伸ばす音ではないことに注意して発音しましょう。また，title の下線部の t は日本語のラ行に近い音，le は暗い L で「ゥ」のような音になるので，単語全体では「タイロゥ」のように発音します。fan は fun との下線部の /æ/ と /ʌ/ の違いに注意しましょう。

① 楽器を演奏しますか。
② 自分の時間には何をしていますか。
③ お気に入りの本の題名は何ですか。
④ どんな種類の音楽のファンですか。
⑤ 朝何時に起きますか。
⑥ 普段はいつ暇な時間がありますか。

　A は「自分の時間に何をしているか」とたずねている②が正解。B は「お気に入りの本の題名は何か」とたずねている③が正解。C は「どんな種類の音楽のファンか」とたずねている④が正解。

スクリプト	和訳
M: Hello, may I ask you some questions?	M：こんにちは，いくつか質問をしてもいいですか。
W: Sure.	W：もちろん。
M: What do you do in your own time?	M：自分の時間には何をしていますか。
W: Most of the time, I read books. My mother is a librarian, and I have enjoyed reading since my childhood.	W：ほとんどの時間は本を読んでいます。母が図書館司書なので，子どもの頃から本を読むのを楽しんできました。
M: What is the title of your favorite book?	M：お気に入りの本の題名は何ですか。
W: It's hard for me to name one. There are too many. But I especially love reading historical fiction.	W：1つ挙げるのは難しいです。たくさんありすぎて。でも歴史フィクションを読むのが特に大好きです。

M: What kind of music are you a <u>fan of</u>?

W: I used to love J-pop, but recently I listen to more Jazz and Bossa Nova. Now I recognize many songs played in cafés.

M：どんな種類の音楽のファンですか。

W：以前は J ポップが大好きでしたが，最近はジャズとボサノバを聞く方が多いです。今ではカフェで流れている多くの曲がわかります。

Lesson 18

MEMO